Safari in Afrika

Safari-Gestaltung

Ausrüstung

Tierbeobachtung

Planung

Attraktive Safaris

Anhang

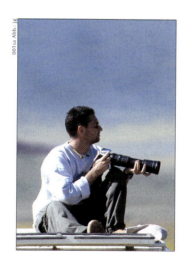

Reise Know-How im Internet

Aktuelle Reisetipps und Neuigkeiten
Ergänzungen nach Redaktionsschluss
Büchershop und Sonderangebote
Weiterführende Links zu über 100 Ländern

www.reise-know-how.de
info@reise-know-how.de

Wir freuen uns über Anregung und Kritik.

Jörg Gabriel
Safari-Handbuch Afrika

„There is something about safari life that makes you forget all your sorrows and feel as if you had drunk half a bottle of champagne – bubbling over with heartfelt gratitude for being alive."

Karen Blixen, in „Jenseits von Afrika"

Impressum

Wir freuen uns über Kritik, Kommentare und Verbesserungsvorschläge.

Jörg Gabriel
Safari-Handbuch Afrika
erschienen im
Reise Know-How Verlag Peter Rump GmbH, Bielefeld
Osnabrücker Straße 79, 33649 Bielefeld

Alle Informationen in diesem Buch sind vom Autor mit größter Sorgfalt gesammelt und vom Lektorat des Verlages gewissenhaft bearbeitet und überprüft worden.

Herausgeber: Klaus Werner

© Peter Rump
1. Auflage 2002
Alle Rechte vorbehalten.

Gestaltung
Umschlag: G. Pawlak, P. Rump (Layout), K. Werner (Realisierung)
Inhalt: G. Pawlak (Layout), K. Werner (Realisierung)
Fotos: der Autor (jg), P Lindstrom (pl)
Karten: Thomas Buri

Da inhaltliche und sachliche Fehler nicht ausgeschlossen werden können, erklärt der Verlag, dass alle Angaben im Sinne der Produkthaftung ohne Garantie erfolgen und dass Verlag wie Autor keinerlei Verantwortung und Haftung für inhaltliche und sachliche Fehler übernehmen.

Druck und Bindung
Fuldaer Verlagsagentur

ISBN 3-8317-1089-9
Printed in Germany

Dieses Buch ist erhältlich in jeder Buchhandlung der BRD, Schweiz und Niederlande sowie Österreichs und Belgiens. Bitte informieren Sie Ihren Buchhändler über folgende Bezugsadressen:

Die Nennung von Firmen und ihren Produkten und ihre Reihenfolge sind als Beispiel ohne Wertung gegenüber anderen anzusehen. Qualitäts- und Quantitätsangaben sind rein subjektive Einschätzungen des Autors und dienen keinesfalls der Bewertung von Firmen oder Produkten.

BRD
Prolit GmbH, Postfach 9, 35461 Fernwald (Annerod)
sowie alle Barsortimente
Schweiz
AVA-buch 2000, Postfach 27, CH-8910 Affoltern
Österreich
Mohr Morawa Buchvertrieb GmbH
Sulzengasse 2, A-1230 Wien
Niederlande, Belgien
Willems Adventure
Postbus 403, NL-3140 AK Maassluis
Wer im Buchhandel trotzdem kein Glück hat, bekommt unsere Bücher direkt bei: **Rump Direktversand,** Heidekampstraße 18, D-49809 Lingen (Ems) oder über unseren **Büchershop im Internet: www.reise-know-how.de**

Jörg Gabriel

Safari-Handbuch Afrika

Inhalt

9 Vorwort

10 Safari in Afrika – einst und heute

12 Safari – Geschichte und Bedeutung
14 Östliches und südliches Afrika
18 Foto-Safaris in und außerhalb von Wildschutzgebieten
19 Arten von Wildschutzgebieten
24 Parkregeln
25 Safari-Tourismus
26 Die Safari-Sprache
28 Sicherheit auf Safari

34 Safari-Gestaltung, Fortbewegung und Unterkunft

36 Einführung
36 Safari mit Kraftfahrzeugen
39 Game Drive (Tierbeobachtungsfahrt)
42 Zu Fuß – die „Walking-Safari"
45 Boot-Safari
47 Reit-Safari
48 Train-Safari
49 Ballon-Safari
50 Scenic Flight/Game Flight
51 Unterkunftsarten
56 Essen und Trinken

58 Safari-Ausrüstung

60 Allgemeines
60 Kleidung
63 Schuhwerk
63 Camping-Ausrüstung
64 Technische Ausrüstung
67 Praktisches für unterwegs

INHALT

70 Tierbeobachtung und Tierfotografie

- 72 Einführung
- 73 Voraussetzungen für eine gute Tierbeobachtung
- 78 Fotografieren auf Safari
- 84 Filmen auf Safari
- 85 Tipps zum Fotografieren und Filmen

90 Safari-Planung und Vorbereitung

- 92 Allgemeines
- 92 Gruppen- oder Individual-Reise?
- 97 Östliches oder südliches Afrika?
- 101 Welche Safari-Region wann?
- 106 Welche Tiere in welchem Land?
- 112 Reisevorbereitung – Organisation und Buchung
- 113 Buchung vor Ort
- 114 Buchung bei Reiseveranstaltern
- 115 Bezahlung einer Safari

116 Attraktive Safaris

- 118 Einleitung
- 118 Östliches Afrika
- 127 Südliches Afrika

140 Anhang

- 142 Safari-Veranstalter in Europa
- 144 Literatur und Kartenmaterial
- 148 Safari-Informationen im Internet
- 156 Register
- 160 Der Autor

Vorwort

Vorwort

Safari-Handbuch Afrika! Einen derartigen Ratgeber hat es bisher auf dem deutschsprachigen Markt noch nicht gegeben. Mit dem vorliegenden Buch möchte ich Ihnen alles Wissenswerte rund um das Thema Foto-Safari in Afrika näher bringen.

Ob mit Geländewagen, Motor- oder Fahrrädern, Booten, in Reiterhaltung oder zu Fuß, ob östliches oder südliches Afrika, ob im Winter oder im Sommer, ob mit oder ohne Kinder – die gesamte Bandbreite an praxisbezogenen Fragen, die bei der Planung eines Safari-Urlaubs aufkommen mögen, werden hier thematisiert. Tipps zu Kleidung und Ausrüstung, Wissenswertes zu Fotografie und Filmen, Informationen zu Unterkünften und Safari-Veranstaltern sowie zu weiterführender „Safari-Literatur" sind ebenfalls Themen dieses Buches.

Den geografischen Schwerpunkt bilden die klassischen Safari-Länder des östlichen und südlichen Afrika – von der Serengeti bis zum Krugerpark. Eine Region, die für ihre legendären Nationalparks in aller Welt bekannt ist und für viele seit Kindesalter Synonym für wildes, ursprüngliches Afrika ist!

Doch wird hier nicht der Anspruch an vollständige Reiseinformationen und detaillierte Beschreibungen aller Nationalparks gestellt. Suchen Sie aus, welche Safari-Art Ihnen am meisten zusagt, kombinieren Sie Gestaltungsmöglichkeiten miteinander. Kurz: Lassen Sie sich auf den folgenden Seiten bei ihrer Suche nach dem besonderen Safari-Urlaub in Afrika inspirieren. Ziehen Sie Ihren persönlichen Nutzen aus meinen Hintergrund- und Insiderinformationen und genießen Sie eine schöne Safari in Afrika.

„Safari Njema" – das ist Swahili und bedeutet: Gute Reise!

Jörg Gabriel

Safari in Afrika – einst und heute

▶ *Zum Glück wird der Begriff Safari heute nicht mehr mit Bildern wie diesem aus dem 19. Jahrhundert verbunden*

Safari in Afrika – einst und heute

Safari – Geschichte und Bedeutung

Safaris gibt es in Afrika, seitdem europäische Kolonialmächte begannen, den großen mythenreichen Kontinent im 19. Jahrhundert zu erforschen und ihn unter sich aufzuteilen. Die Geschichte der ↗ „Safari" zählt etwa 150 Jahre. Eine Zeit in der sich nicht nur die politischen und kulturellen Strukturen Afrikas gewandelt haben, die grandiose Natur mitsamt ihrer artenreichen Tierwelt war ebenfalls von Veränderungen betroffen.

Wenig war bekannt über die Zusammenhänge des komplexen Ökosystems, über das Verhalten von Großsäugern, über deren Fortpflanzung und ihre Wanderungen auf Suche nach Wasser und Nahrung. Erst Anfang des 20. Jahrhunderts kamen erste Naturschutzgedanken auf, wurden Wildreservate und Nationalparks gegründet. Damit änderten sich auch bald die inhaltlichen Werte vom Erlebnis und der Wertschätzung grandioser Landschaften mitsamt ihrer artenreichen Tierwelt. Die „Safari" verlor zunehmend ihr reines Jagdimage und wurde mehr und mehr zur „Reise im Busch", zum Wochenendausflug mit Erkundungscharakter – zur **Foto-Safari!**

Safari = Reise

„Safari" bedeutet Reise, wie z. B. eine Zugreise von A nach B und nicht nur die Land-Rover-Reise in der Wildnis bzw. in Nationalparks. Im Buch wird jedoch unter dem Begriff Safari im wesentlichen die Foto-Safari verstanden, eine Reise oder ein Urlaub inmitten der großen afrikanischen Wildnis mitsamt ihrer atemberaubenden Tierwelt.

Safari ist ein Wort aus dem Swahili – der meistgesprochenen Sprache im östlichen Afrika – und wohl das bekannteste afrikanische Wort überhaupt. Nur wenigen ist jedoch der **Ursprung des Wortes,** die Entwicklung des Verständnisses und die Vielfalt in der Gestaltung bewusst.

Das Wort Safari wird von dem arabischen „safara" („eine Reise machen") abgeleitet und entstand – wie so viele Wörter der Swahili-Sprache – durch den arabischen Spracheinfluss an der ostafrikanischen Küste. Während der arabischen Sklavenzeit war eine Safari die **Karawanenreise** ins Innere Afrikas, um dort den Nachschub für den menschenverachtenden Handel mit der Ware Mensch zu besorgen. Forscher und Missionare folgten bald auf diesen Routen. Ihre Tagebücher gaben der Safari ein neues, europäisches Image – das der **Entdeckungsreise.**

Safari – Geschichte u. Bedeutung

▲ *Sowohl die Fortbewegungsmittel auf als auch die Intention für Safaris haben sich seit dem 19. Jahrhundert stark geändert – beides zum Wohl der Tiere*

Einer der großen Entdecker des 19. Jahrhunderts, **Richard Francis Burton,** machte den Begriff Mitte des Jahrhunderts in Europa salonfähig. Von da an wurden Expeditionen, geografische Erkundungen und koloniale Eroberungen in englischsprachigen Zeitungen zwischen Amerika und Britisch-Indien zunehmend mit dem Beinamen „Safari" versehen.

Nach dem Ende des Sklavenhandels, der großen Welle der Entdeckungen und der Eroberung und Aufteilung von Kolonien kam es in der ersten Hälfte des 20. Jahrhunderts zu einem weiteren Bedeutungswandel: Safari war jetzt die **Großwildjagd!** Angeführt von bekannten Persönlichkeiten des „game sports" – so die makaber klingende englische Bezeichnung für die Jagd – wie 1909 Theodore Roosevelt, dem späteren Präsidenten der USA, bekam das Töten der afrikanischen Tierwelt eine große, aristokratische Lobby. Anfangs wurden diese Jagdreisen in wildreiche Savannenlandschaften (heute meist Gebiete, die als Nationalparks unter Schutz stehen) noch mit Dutzenden von Trägern veranstaltet. Schließlich gehörten neben Munitionskisten auch reichlich Brandy, ein Grammofon sowie andere „wichtige" Dinge des viktorianischen Lebensstils zur Grundausstattung. Später wurden die Automobile immer geländetauglicher und der Landrover mit der Zeit zum unentbehrlichen Safari-Wagen. Nun konnten auch die weniger Aktiven, vor allem auch Nichtjäger, die fantastische Tierwelt genießen. Die Flinte wich immer mehr dem Fernglas und schließlich den Foto- und Filmapparaten.

Große Popularität erlangte die Safari dank der **Filmindustrie** und Roman-Schreiberei. Hemingways Jagdromane „Die grünen Hügel Afrikas" oder „Schnee am Kilimandscharo" gaben dem Image von Safari nicht nur Abenteuergehalt, sondern auch einen Hauch von Romantik. Dann übernahm Hollywood die „Vermarktung" von Safari – bis heute. Von Hardy Krüger und John Wayne in „Hatari" bis hin zum Romantik-Epos „Jenseits von Afrika" mit Robert Redford und Meryl Streep in den Hauptrollen – Safari war zu einem Mythos geworden. Gedanken an Afrika waren nun unweigerlich geprägt von dem schon fast märchenhaften Hintergrund traumhafter Landschaften mit großem Tierreichtum. Kaum ein moderner Afrikaroman heute, der nicht mit dem Titelbild einer feuerrot untergehenden Sonne nebst Schirmakazie versehen ist.

Die **Tourismus-Branche** „Safari" profitiert von dem Traum-Image. Exklusive Ballon-Safaris mit anschließendem Sektfrühstück unter der Schirmakazie bilden einen vorläufigen Höhepunkt der Entwicklung.

Die **heutige Safari-Szene,** speziell im östlichen und südlichen Afrika, lässt noch in vielen Bereichen die viktorianische Lebensphilosophie weiterleben – sozusagen die stilechte Zelebration des „Kolonialismus". Luxuriöse Zelt-Camps unterliegen noch ganz dem Charme vergangener Zeiten. Grüner, schwerer Canvas (Zelt-Leinen), hausgroße Zelte mit Mobiliar aus Massivholz, eine eingespielte Mannschaft von loyal dienenden Afrikanern und eine Fünf-Sterne-Küche waren damals und sind auch heute vielerorts Standard.

Östliches und südliches Afrika

Foto-Safaris in Afrika beschränken sich auf das Afrika südlich der Sahara, genauer auf die Region des östlichen und südlichen Afrika. Das vorwiegend französischsprachige und **dichter besiedelte Westafrika** entlang der Atlantikküste besitzt weitaus weniger Möglichkeiten für Foto-Safaris als die klassischen, englischsprachigen Länder im Osten und Süden des Kontinents. Die Tierwelt West- und Zentralafrikas ist in weiten Teilen bis zum Äußersten dezimiert worden. Nur wenige nennenswerte Nationalparks, wie in Kamerun, Ghana oder in der Zentralafrikanischen Republik, beherbergen letzte Wildbestände in einer Region, die in vorkolonialer Zeit einmal tierreich war.

Östliches und südliches Afrika

Safari in Afrika

ÖSTLICHES UND SÜDLICHES AFRIKA

Safari ist auch Kultur-Tourismus

Eine Safari in Afrika dreht sich nicht nur um Tiere und Landschaften. Veranstalter, aber auch die afrikanischen Staaten selbst, sind darauf bedacht, Kultur und Geschichte als festen Bestandteil einer jeden Safari mit zu vermarkten. Eine Möglichkeit für Besucher, neben der artenreichen Tierwelt, auch Einblick in den Alltag afrikanischer Völker zu erlangen. Das kann zu einer sehr faszinierenden Begegnung werden oder enttäuschend in Erinnerung bleiben. Denn vielerorts, speziell in den Safari-Ballungsgebieten, sind fein herausgeputzte „Touristen-Dörfer" eigens errichtet worden, um die afrikanische Kultur vorzustellen. Rollen Safari-Autos vor, stimmen die Bewohner wie auf Kommando Tanz und Gesang an, bieten Souvenirs feil und spielen das sorglos lächelnde Leben vor. Gegen ein entsprechendes Eintrittsgeld oder eine erkaufte Foto-Erlaubnis darf dann auch losgeknipst werden. Sollte keine Zeit für derartige Visiten bleiben, kommt auch ein Teil des Dorfes, eine Tanz- oder Trommelgruppe etwa, abends in die Unterkunft und macht die garantiert traditionelle Vorführung, während man genüsslich an seinem Verdauungstrunk schlürft. Das hat nichts (oder nur selten) mit tief verwurzelter Kultur zu tun und ist in den meisten Fällen eine rein gestellte Show, um der Erwartung von den noch „wilden Völkern Afrikas" gerecht zu werden.

Sicher ist es einfach, den Gehalt und die Moral solcher Begegnungen zu verurteilen. Andererseits können afrikanische Gemeinschaften in den Randzonen von Wildschutzgebieten auf diese Weise etwas am Safari-Tourismus mitverdienen. Das Geld, das ausländische Besucher für ihre Safaris zahlen, fließt ansonsten in die Kassen des Staates und der vielen privaten Veranstalter. Dörfer im Randbereich der geschützten Tier-Paradiese profitieren kaum. Wie weit ein solcher Besuch wertvoll ist, muss jeder für sich entscheiden. Reiseveranstalter, die sich für exklusiv halten und sich als Landesspezialisten ausweisen, versuchen sich von diesem Paparazzi-Image zu distanzieren. Ihnen steht meist ein sehr viel einfühlsamerer Zugang zu „echten" Dörfern afrikanischer Volksgruppen zu. Dort stellen die Einnahmen aus dem Tourismus einen Nebenverdienst dar und wurden nicht zum Tradition untergrabenden, bestimmenden Teil des Alltags.

Besonders vereinnahmt vom Safari-Tourismus sind bekannte Völker wie die Samburu und ✈ Maasai in Ostafrika sowie die San-Buschleute und Owahimba im südwestlichen Afrika.

ÖSTLICHES UND SÜDLICHES AFRIKA

Safari-Länder des östlichen Afrika

Die klassischen Safari-Länder Ostafrikas sind **Kenia, Tansania** und **Uganda**. Hier befinden sich die bekannten Nationalparks, wie die Serengeti, der Tsavo, die Masai Mara, der Ngorongoro Krater, der Amboseli oder der Queen Elizabeth National Park.

Im weiteren geografischen Verständnis gehören auch **Ruanda, Burundi, Ostkongo, Äthiopien** sowie **Nord-Mosambik** zur Großregion Ostafrika, doch auf Grund einer von Bürgerkriegen geprägten Vergangenheit leiden hier Wildschutzgebiete (noch) unter einer teils mangelhaften Infrastruktur. Die Tierbestände haben sich noch nicht vollständig regeneriert und eine touristische Vermarktung geschieht nur zaghaft.

Safari-Länder des südlichen Afrika

Die klassischen Safari-Länder des südlichen Afrika sind **Simbabwe, Botswana, Namibia** und natürlich der Staat **Südafrika**. Hier befinden sich die bekannten Nationalparks, wie der Kruger, Etosha, Moremi/Okavango, Chobe oder Hwange. **Sambia** und **Malawi** im südöstlichen Teil Afrikas werden zur Großregion südliches Afrika gezählt, da sie vorwiegend über den Süden Afrikas erreichbar sind. Obwohl beide Länder großartige Möglichkeiten für Safaris und bemerkenswerte Nationalparks bieten, ziehen sie vergleichsweise wenig Besucher an.

Während **Angola** wohl noch weitere Jahre an den Folgen des jahrzehntelangen Bürgerkrieges leiden muss, hat sich die andere ehemalige portugiesische Kolonie, **Mosambik,** von seiner turbulenten Geschichte erholt.

> **Massai, Maasai oder Masai?**
> **Mas|sai** *[auch '...], der; -, - (Angehöriger eines Nomadenvolkes in Ostafrika), so der Duden. Laut der Zunft deutscher Ethnologen ist die richtige Schreibweise jedoch „Maasai".*
> *Wenn dies wiederum mit der englischen Bezeichnung eines Parks oder Landstrichs zusammentrifft, kommt die englische Schreibweise „masai" zum Einsatz, z. B. Masai Mara.*

Die ebenfalls im südlichen Afrika liegenden Staaten **Lesotho** und **Swaziland** spielen im Safari-Tourismus eine untergeordnete Rolle.

Foto-Safaris in und außerhalb von Wildschutzgebieten

Foto-Safari in Afrika bedeutet in den meisten Fällen eine **„Park-zu-Park-Safari".** Der Besuch von zwei oder mehreren Wildschutzgebieten wird in einer Rundreise miteinander verknüpft. Nicht immer wird man dabei ausschließlich nur in geschützten Gebieten unterwegs sein, einige interessante Sehenswürdigkeiten liegen auch außerhalb von Schutzzonen und bieten eine oftmals ebenso beindruckende Tierwelt.

Im östlichen und südlichen Afrika gibt es so genannte **„Safari- oder Tourist-Circuits".** Dies sind Standard-Rundreisen, die in einer Region eines Landes oder grenzübergreifend möglichst viele Natur-Attraktionen verbinden. Die Transfers erfolgen mit dem Geländewagen, dem Safari-Bus, dem Motorflugzeug und manchmal sogar mit Boot oder Zug (mehr zu Fortbewegungs- und Gestaltungsarten ab S. 35).

Es müssen auch nicht immer nur Nationalparks mit hohem Bekanntheitsgrad sein, die den Inhalt eines Safari-Urlaubes markieren.

Arten von Wildschutzgebieten

An Parks angrenzend finden sich oft auch Wildreservate oder Wild-Kontrollgebiete bzw. private Wildreservate/Konzessionsgebiete. In einigen dieser Gebiete dürfen auch Menschen leben und Safaris werden zusammen mit der dort ansässigen Bevölkerung durchgeführt.

Arten von Wildschutzgebieten

Nationalpark

Die Nationalparks sind, wie der Name schon ausdrückt, Natur- und Wildschutzgebiete im nationalen Interesse. Eine Ressourcennutzung von Flora und Fauna ist in den meisten Fällen strengstens untersagt. Der **Schutzstatus** Nationalpark ermöglicht aber Tourismus und zoologische/biologische Forschung. So sollen die Nationalparks für künftige Generationen als ein Stück **unangetasteter Natur** erhalten bleiben. In manchen Nationalparks wird dies tatkräftig umgesetzt. Ein am Hinterlauf blutendes Zebrafohlen wird nicht behandelt. Das Tier wird sterben, Hyänen und Geier besorgen den Rest. In das komplexe Ökosystem wird nur veterinär-medizinisch eingegriffen, wenn beispielsweise Krankheiten einzelne Tierarten befallen und ganze Bestände bedrohen.

In Nationalparks dürfen **keine Menschen** leben, außer solche, die in der Verwaltung und im Tourismus beschäftigt bzw. in der Forschung oder im Rahmen privater Naturschutz-Organisationen tätig sind.

Während die meisten Nationalparks im südlichen Afrika eingezäunt sind, werden die **Grenzen von Parks** im östlichen Afrika nur mittels Schneisen, Grenzsteinen oder auch gar nicht markiert. Hier herrschen freie Zu- und Abwanderungsbewegungen in der Tierwelt.

Unter allen Schutzformen in Afrika ziehen die Nationalparks das **größte touristische Interesse** an und stehen im Mittelpunkt nahezu jeder Safari. Das hat seinen Preis: Eintrittsgebühren für Nationalparks sind oft höher als bei anderen, nicht minder attraktiven Wildschutzgebieten. Dafür bieten Nationalparks meist die beste Infrastruktur, haben eine große Auswahl von Hotels/Lodges/Camps und Campingmöglichkeiten und verfügen zudem auch oft über kleine Einkaufsläden bzw. Tankstellen.

ARTEN VON WILDSCHUTZGEBIETEN

Peace Park

Der Begriff Peace Park wird in den nächsten Jahren zunehmend an Popularität gewinnen. Ehrgeizige bi- oder multinationale Projekte, die grenzübergreifenden, wildreichen Ökosystemen einen einheitlichen Schutzstatus zukommen lassen, um nicht – wie früher – die natürlichen Verbreitungsgebiete und ↗Tiermigrationen durch Grenzzäune zu zerschneiden.

Tiermigration
Tierwanderungen innerhalb eines Ökosystems in Abhängigkeit von den saisonalen klimatischen Änderungen und dem damit verbundenen Futter- und Wasserangebot für die Tiere.

Als erster dieser Peace Parks ist der Kalahari Transfrontier Park zwischen Botswana und Südafrika errichtet worden. Derzeit wird im Dreiländereck Simbabwe, Mosambik und Südafrika der Kruger Peace Park geschaffen. Weitere Projekte dieser Art folgen.

Game/National/Nature Reserve

Der Begriff stammt aus dem Englischen und geht auf die Tage der Kolonialzeit zurück, als die Jagd noch als ansehnlicher Freizeitsport galt („game sport"). Mit „game" wird das jagdbare Wild bezeichnet. Reserve lässt sich mit Reservat übersetzen. Das **Wildreservat** (Game Reserve) ist die älteste Form eines Wildschutzgebietes in Afrika. Als übergroße Jagdareale wurden sie gegründet, um in erster Linie die in den frühen Jahren der Kolonialzeit unkontrollierte und teils hemmungslose Jagd in geregelte Bahnen zu lenken, aber auch, um potenzielle Wildgebiete vor dem Ausbreiten des Siedlungswesens zu schützen. Viele Game Reserves wurden im Laufe der Zeit in National Reserves oder Nationalparks umgewandelt.

In Ostafrika ist die touristische **Infrastruktur** in Game/National Reserves generell nicht so gut ausgebaut wie in Nationalparks. Auch sind nicht alle Reservate für den Foto-Tourismus zugänglich. Einige Game Reserves sind noch ausschließlich Jagd-Reservate oder werden in Sektoren eingeteilt, die beide Varianten getrennt voneinander zulassen – die Jagd und den Foto-Tourismus! Die **Nature Reserves** in Südafrika sind dagegen reine Foto-Safari-Gebiete und verfügen über eine gut ausgebaute Infrastruktur ähnlich wie in Nationalparks.

ARTEN VON WILDSCHUTZGEBIETEN

▲ *Der Autor (links) bei einer von ihm selbst geführten Fuß-Safari in der Serengeti*

Private Game Reserve, Conservancy/Concession Area

Diese Form von Wildschutzgebieten findet sich hauptsächlich im südlichen Afrika. Ursprünglich als privat betriebene Jagdgebiete oder Großfarmen genutzt, sind sie aus unterschiedlichen Gründen zu fototouristischen Wildreservaten umgewandelt worden. Zäune zwischen den ehemaligen Farmen wurden niedergerissen und Wildsperren und Zäune rund um die neuen Reservate errichtet. Einige Tierarten wurden wieder eingeführt. Besonders im Staat Südafrika haben sich die **privaten Wildreservate** einen großen Namen gemacht, nicht nur in touristischen Kreisen sondern auch als Beispiel für sinnvoll praktizierten Natur- und Wildschutz. Entlang des Kruger Nationalparks liegen einige der bekanntesten Private Game Reserves wie Sabi Sand oder Mala Mala. Auf Grund ihrer herausragenden Stellung hat die Kruger Parkverwaltung sogar die Grenzzäune zu den Reservaten wegräumen lassen.

Erst seit jüngerer Zeit entstehen auch anderswo in Afrika solche privaten Wildschutzgebiete, Concession Areas genannt. Entlang der weltberühmten Serengeti-Grenze bieten diese **privaten Konzessi-**

Arten von Wildschutzgebieten

onsgebiete ähnlichen Standard wie Nationalparks mit dem Unterschied, dass diese Gebiete Maasai-Land sind und vereinzelt besiedelt sind. Das halbnomadische Volk betreibt jedoch keinen Ackerbau, sondern lebt im Einklang mit der Tierwelt des Serengeti Ökosystems. Zusammen mit Maasai-Kriegern werden Fuß-Safaris der ganz besonderen Art durchgeführt. Sie zeigen einen unverfälschten Teil Afrikas, der so ist, wie das Land war bevor der „Weiße Mann" seinen Einfluss geltend machte. Hier ist ein Einklang zwischen Tierwelt und traditionellen Stammesgebieten zu beobachten: z. B. weiden hier Ziegen einträchtig neben Elefanten- und Zebraherden. Die Maasai respektieren die Natur und die Tierwelt – ihre Welt! Auch ich führe dort Safaris.

Private Game Reserves/Concession Areas obliegen einer eigenen **Finanz- und Fremdenverkehrspolitik.** Die meist exklusiv betriebenen Schutzgebiete bieten keinen Zugang für Individualisten, denn öffentliche Campingplätze existieren nicht. Die Eigentümer und Pächter mit ihren exklusiven Lodges und Safari-Camps sind nur an zahlenmäßig geringer, dafür aber um so zahlungskräftigerer Kundschaft interessiert. Dafür wird hier oftmals „Safari at its best" betrieben. Das heißt, nur Sie oder Sie und ihre Gruppe, sind exklusiv in dem Gebiet unterwegs und ihre Betreuer – Fahrer und Safari-Guides – sind sachkundig ausgebildet. Die Unterkünfte haben international einen guten Ruf in der Safari-Szene!

Conservation Area

Die nicht sehr verbreitete Form der Conservation Area lässt sich mit „zu konservierendes Naturschutzgebiet" übersetzen, wo der schlichte Erhalt im Vordergrund steht bzw. wo eingegriffen wurde, um der allmählichen Zerstörung eines Ökosystems durch den Menschen Einhalt zu verschaffen: Gebiete, die seit jeher von Wild und Mensch gleichermaßen genutzt wurden, wo jedoch auf Grund von Bevölkerungswachstum das ökologische Gleichgewicht ins Kippen geriet.

Die Conservation Areas (z. B. der Ngorongoro-Krater) sind der Versuch, die Interessen von Menschen mit den Erfordernissen eines Nationalparks unter einen Hut zu bringen. Eine Zusiedlung von außerhalb wird reglementiert. Die landwirtschaftliche Nutzung wird ebenfalls kontrolliert und in einem für die Tierwelt zumutbaren Rahmen gehalten – so zumindest die Theorie.

Arten von Wildschutzgebieten

Recreation Resort/Area

Auch diese Form von Wild- und Naturschutzgebieten ist in Afrika bekannt, besonders in Namibia. Es sind Gebiete, die z. B. im Umfeld von Stauseen entstanden sind. Sie werden hauptsächlich von Familien an Wochenenden besucht. Neben dem Schutz von Flora und Fauna sind **Freizeitgestaltungen** und sportliche Aktivitäten möglich. Die Tierwelt beschränkt sich meist auf Vögel und die ein oder andere Antilopenart. Großsäuger, wie Elefanten, Büffel und Raubtiere, sind in den meisten Recreation Resorts nicht anzutreffen.

Wildlife/Game Sanctuary

Sanctuaries lässt sich mit Schutz- oder Schongebiete übersetzen. Sie sind oft privater Natur oder werden von Naturschutzorganisationen ins Leben gerufen. Sie dienen dem speziellen und oft arbeitsintensiven **Wildschutz.** In Sanctuaries werden beispielsweise vor dem Aussterben bedrohte Tierarten (Nashörner, Wildhunde usw.) gehalten und gezüchtet, um sie später in Nationalparks wieder auszusetzen. Unter Namen wie „Rhino-Project" (Nashorn-Projekt) oder „Cheetah-Project" (Geparden-Projekt) werden Programme in Zusammenarbeit mit staatlichen und privaten Sponsoren, Zoologischen Gesellschaften und engagierten Einzelpersonen errichtet. Sanctuaries können auch Waisenhäuser oder Lazarette für alle Arten von Tieren sein.

Sanctuaries befinden sich in der Regel direkt neben oder sogar innerhalb von Nationalparks. Viele sind für **Besucher** geöffnet bzw. finanzieren sich auch über Eintrittsgelder. Sie geben Safari-Touristen einen tieferen Einblick in den praktizierten Wildschutz und weiterführende Informationen zu bestimmten Tierarten.

Bufferzone Area,
Game Controlled Area, Wildlife Management Area

Diese Art der Schutzformen, die sich mit Pufferzonengebiet und Wildkontrollgebiet übersetzen lassen, grenzen in der Regel an oder umgeben auch gänzlich Nationalparks. Sie fungieren, wie der Name schon sagt, als Pufferzonen zwischen dichter besiedelten Gebieten und Nationalparks. Foto-Safaris werden hier nur wenig veranstaltet.

Parkregeln

▶ ... außer mit Kameras ...

Parkregeln

Die Nationalparkbehörden der jeweiligen afrikanischen Staaten haben umfassende Regelwerke als rechtliche Grundlage und Anleitung für die zuständige Verwaltungsaufsicht erlassen. Für den Umgang mit dem Fremdenverkehr werden relevante Grundregeln aus dem Regelwerk entnommen und dem Besucher zugänglich gemacht. Oft stehen diese „Park Regulations" auf dem Eintritts-Ticket oder werden zusammen mit diesem ausgehändigt bzw. auf Tafeln verkündet. Viele afrikanische Parkverwaltungen sind bei Vergehen äußerst strikt und zögern nicht lange damit, Geldstrafen zu verhängen. Von Land zu Land unterscheiden sich die für Besucher üblichen Parkregeln nur kaum. Im Folgenden die nahezu überall geltenden **Grundregeln:**

- Fahren Sie nicht schneller als 50 km/h. Für die Tierbeobachtung ist eine **Geschwindigkeit** von 25 km/h empfohlen.
- Bleiben Sie auf dem vorgesehenen **Wegenetz.** Fahren Sie nicht querfeldein, außer wenn dies ausdrücklich toleriert wird.
- Stören Sie die Tiere nicht. Erzeugen Sie nicht zuviel **Lärm** und Radiobeschallung. Benutzen Sie nicht die Autohupe.
- Seien Sie verständnisvoll gegenüber **anderen Besuchern.** Stören Sie weder sie, noch die von ihnen beobachteten Tiere. Warten Sie, bis Sie an der Reihe sind, näher heranzufahren.

Safari-Tourismus

- **Haustiere** und **Schusswaffen** sind im Park strengstens verboten!
- **Verlassen Sie Ihren Wagen** nur an dafür vorgesehenen Stellen (Picknick- oder Toilettenplätze) oder nur im Beisein eines dafür vorgesehenen Führers/Rangers.
- Entnehmen oder beschädigen Sie keine ↗endemischen **Pflanzen** in den Parks.
- **Feuer** sollten auf Campingplätzen nur dort gemacht werden, wo es feste Feuerstellen gibt. Brennholz darf nicht im Park gesammelt werden. Es ist oft auf den Campingplätzen erhältlich.
- Machen Sie Ihre **Zigaretten** gründlich aus und entsorgen Sie sie in einem dafür vorgesehenen Aschenbecher. Schmeißen Sie keine Zigarettenstummel aus dem Fahrzeug.
- Deponieren Sie Ihren **Müll** in dafür vorgesehenen Müllbehälter (am Eintrittstor, an Picknick-/Aussichtsplätzen). Schmeißen Sie keine Gegenstände aus dem Fahrzeugfenster.
- Es ist verboten, sich **nachts** zwischen 19 und 6 Uhr im Park aufzuhalten, außer Sie befinden sich auf dem Campingplatz, im Hotel oder auf genehmigter und geführter Nachtfahrt (Night-Drive).

> **Endemisch**
> ... bedeutet, dass Pflanzen und/oder Tierarten, nur in einem bestimmten Gebiet/Ökosystem vorkommen und sonst nirgendwo anders auf der Welt.

Safari-Tourismus

Über drei Millionen Europäer, Amerikaner und Asiaten (vor allem Japaner) reisen jedes Jahr ins östliche und südliche Afrika, um auf Safari zu gehen. Nicht wenige legen hierfür fünfstellige Dollar-Beträge hin – der „Lockruf der Wildnis" ertönt aus den Nationalparks, die durch eine Flut der Tier- und Naturreportagen auf den heimischen Fernsehkanälen, in Zeitschriften und Tageszeitungen weltberühmt sind.

Das **Ziel der meisten Besucher** ist es, die einzigartige afrikanische Tierwelt einmal selbst zu erleben, sich in einem Wildreservat auf Entdeckungstour zu begeben und längst verloren geglaubte Empfindungen neu zu beleben. Afrika wird gleichgesetzt mit Wildnis, mit Safari und dem Erlebnis von scheinbar grenzen- und zeitloser Freiheit. Leider wird in vielen Fällen bei Reisenden und Veranstaltern übersehen, dass diese paradiesartigen Gärten einen hohen Preis kosten und dass auf der anderen Seite der Zäune bzw. Nationalparkgrenzen das wirkliche, gegenwärtige Afrika liegt, wo Menschen sich mit harter Arbeit das tägliche Brot verdienen müssen und am Rande der Idylle oft einen Überlebenskampf führen.

Naturschutzgedanken liegen vielen Afrikanern, die in ärmlichen Verhältnissen leben, fern. Sie haben auch wenig Interesse, auf Pirschfahrt zu gehen, um sich genüsslich die Tiere anzusehen, die für sie seit Zeiten ihrer Vorväter Gefahr oder Verwüstung von Feldern bedeuten.

Wildreservate sind **keine afrikanische Erfindung,** auch wenn viele Nationalparks erst nach der großen Unabhängigkeitsphase Afrikas entstanden sind. Die ersten afrikanischen Regierungen führten zu Ende, was die Kolonialmächte schon vorbereitet hatten. Das weiße Erbe ist auch heute noch „white mans territory".

Führt man sich die Besucherstatistiken vor Augen, erkennt man schnell, dass die afrikanischen Wildreservate vorwiegend Vergnügungsziele für Ausländer sind. Doch diese müssen zum Teil tief in die Tasche greifen: 30 US $ für einen **Tageseintritt** in manche Parks, eine 4–5 Stunden dauernde Pirsch zu den Berg-Gorillas in Ruanda oder Uganda schlägt sogar mit 250 US $ zu Buche. Die Preise variieren von Land zu Land, sind an die jeweilige Wirtschaftspolitik gekoppelt oder hängen vom Bekanntheitsgrad und dem Besucherandrang ab. Für alle Staaten des östlichen und südlichen Afrika gilt jedoch gleichermaßen: Ohne die Einnahmen aus dem internationalen Safari-Tourismus wäre der Unterhalt der Wildschutzgebiete nicht möglich.

Die Safari-Sprache

Auf Safari wird Englisch gesprochen! Kolonialgeschichtlich bedingt, sind die heute klassischen Safari-Länder des östlichen und südlichen Afrika vom englischen Spracheinfluss geprägt. In nahezu allen Staaten dieser Region ist Englisch die offizielle Amts- oder Zweitsprache.

Die Safari-Branche hat sich auch auf **deutschsprachige Touristen** eingestellt, um zumindest eine Grundkommunikation zu gewährleisten. In Namibia und Südafrika finden viele Safaris in deutscher Sprache statt. Reiseveranstalter in Europa und vor Ort arbeiten zudem viel mit Deutsch sprechenden Reiseleitern/Safari-Guides zusammen.

SAFARI-SPRACHE

Safari-Sprache

Englisch	Deutsch/Erklärung
entrance gate	Eingang/Zutrittstor zum Wildschutzgebiet
entrance fee	Eintrittsgebühr
park warden	Oberster Wildhüter und Park-Verwaltungschef
ranger	Wildhüter
game drive	Tierbeobachtungsfahrt/Pirschfahrt mit dem Fahrzeug
guide/driver	Ein Guide ist ein Führer, der auch gleichzeitig Fahrer sein kann. Ein driver ist in der Regel ebenfalls ein Führer (driver-guide), aber nur, wenn er ein Fahrzeug steuert.
staff	Angestellte, Bedienstete in einer Lodge/in einem Camp
tracker	Hauptsächlich im südlichen Afrika verwendeter Begriff. Ein tracker ist ein Spurenleser, der bei Safari-Wagen auf einem Klappsitz an der Stoßstange sitzt oder bei einer Fuß-Safari vorangeht.
tracks/spurs	Fuß-, Hufspuren
droppings	Losung
big five	Löwe, Elefant, Büffel, Nashorn und Leopard
a kill	das Reißen einer Beute/Beuteschlag
waterhole	Wasserloch
lodge	im Naturstil errichtetes Busch-Hotel
tented lodge	im Naturstil errichtetes Busch-Hotel mit integrierten Wohnzelten
bungalow	freistehender Bau im Naturstil als Hotel-Zimmer
camp	Zelt-Hotel
mess	großes Restaurant-Zelt, Aufenthaltsbereich
tip-box	Trinkgeldkasten
wake-up-call	Weckservice
early morning tea	Morgentee
walking-safari	Fuß-Safari
sun-downer	tagabschließendes Getränk zum Sonnenuntergang
night-drive	Pirschfahrt bei Dunkelheit
camp fire	Lagerfeuer
pad	südafrikanische Bezeichnung für Piste

Safari in Afrika

Sicherheit auf Safari

Bereits beim Aussuchen der Safari, bei der Reisevorbereitung, spätestens jedoch unterwegs werden Sie mit einer ganzen Reihe von **sehr gängigen Safari-Ausdrücken** konfrontiert. Was ist eigentlich eine „lodge", was ein „game drive"!?

Die Bedeutung dieser einschlägigen Begriffe sollten Sie kennen, allein schon, um Missverständnissen vorzubeugen. Denn selbst bei einer deutschsprachigen Reiseleitung ist dieses Safari-Vokabular ein fester Bestandteil im täglichen Umgang mit Gästen: „Um 6 Uhr erfolgt der wake-up-call, Sie bekommen dann einen early morning tea serviert und wir beginnen dann am gate unseren game drive." Verstanden!?

Safari auf Deutsch
Auch wenn Sie gar kein Englisch sprechen, müssen Sie nicht auf einen Safari-Urlaub verzichten. Informieren Sie sich bei Ihrem Veranstalter, dieser kann Ihnen sicherlich auch deutschsprachige Safaris vermitteln.

Sicherheit auf Safari

Allgemein

Wie sicher ist es, in einem Wildschutzgebiet unterwegs zu sein? Was passiert, wenn der Löwe plötzlich aufsteht und ganz gemächlich auf den Jeep zuläuft? Wird der Elefant nicht das Auto umschmeißen? Kriechen Schlangen in die Zelte? Sind Fuß-Safaris nicht enorm riskant?

Solche und andere Fragen in Bezug auf Sicherheit und Gefahren werden häufig gestellt, speziell wenn man noch nie in einem afrikanischen Wildschutzgebiet unterwegs war. Die Bedenken haben nichts mit übertriebener Ängstlichkeit zu tun, sie sind natürlich und verständlich. Schließlich halten Sie sich ja nicht tagtäglich in der afrikanischen Wildnis auf – einem Naturraum der ganz anderen Regeln folgt als das Leben im urbanen Dschungel Mitteleuropas. Doch seien Sie beruhigt: Durch bedachtes und angepasstes Verhalten kann man nahezu sämtliche potenziellen Gefahren bereits im Vorfeld beseitigen.

Viel hängt vom Verständnis und der Bereitschaft zur Auseinandersetzung mit dem **Verhaltensmuster afrikanischer Tiere** ab. Wollen wir uns Tieren nähern, müssen wir sie verstehen lernen – und dabei

SICHERHEIT AUF SAFARI

▲ … aber gerade deswegen ist man ja hergekommen, nicht wahr?

nie aufhören, ihnen den nötigen Respekt entgegenzubringen. Gelingt uns dies, müssen weder Angst noch Unsicherheit die Safari begleiten. Sofern Sie nicht als Selbstfahrer unterwegs sind, werden die Safaris – Pirschfahrten, Fuß-Safaris, Bootstouren usw. – von **geschulten Guides** geführt, die sich in der Tierwelt gut auskennen und möglichen Gefahren durch Wildtiere von Vornherein aus dem Weg gehen. Haben Sie Vertrauen, es ist äußerst selten, dass auf einer Fuß-Safari etwas passieren kann – einen guten Guide vorausgesetzt.

In Unterkünften und auf Campingplätzen passiert es nicht selten, dass Elefanten durch das Camp marschieren, Hyänen und Flusspferde nachts um Zelt und Zimmer schleichen und Löwen in der Entfernung brüllen.

Haben Sie keine Angst! Solange man sich an die Anweisungen von Lodge-/Campbetreibern hält, besteht keine Gefahr. In manchen Parks in Südafrika und Namibia sind Lodges oder Restcamps sogar eingezäunt, speziell der Kinder wegen.

Sicherheit auf Safari

Für Menschen gefährliche Tiere

Viele Tiere Afrikas – ob groß oder klein – können für den Menschen prinzipiell gefährlich und auch tödlich sein. Ohne Schusswaffe, geschützter Umbauung oder einem geschlossenen Fahrzeug gehören wir Menschen zu den anfälligsten Lebewesen. Zum einen sind unsere Sinnesorgane im Vergleich zu denen der Tiere oft wesentlich schwächer ausgeprägt. Das betrifft besonders unseren Geruchssinn, aber auch unsere Fähigkeit, bei Nacht ohne künstliche Lichtquelle zu sehen oder Elefantenlaute in Tieffrequenz über kilometerweite Entfernungen wahrzunehmen. Zudem sind wir äußerst langsam. Selbst bei 10,0 Sekunden auf 100 m würden Sie im Vergleich zu den meisten

SICHERHEIT AUF SAFARI

◄ *Auch wenn der Gepard hier ganz lieb schaut, er ist ein Raubtier – und zwar das schnellste Landraubtier der Welt. (Weglaufen lohnt also nicht – er kriegt Sie so oder so …)*

Großsäugern Afrikas ziemlich lahm aussehen. Aber: In intakten Ökosystemen, wo es ein ausgewogenes Verhältnis zwischen Nahrungsangebot und -nachfrage gibt und wo nicht die kommerzielle Jagd oder die Wilderei im direkten Umfeld bewirkt, dass Tiere sensibel werden oder in Einzelfällen ein aggressives Verhalten annehmen, ist der Mensch für die Tiere ein eher uninteressanter Gast.

Kein Tier ist von Natur aus dem Menschen gegenüber aggressiv. Im Folgenden dennoch eine Auswahl von potenziell gefährlichen Tieren und wie man ihnen begegnen sollte.

> [!] Generell gilt für alle, den nötigen Respekt zu erweisen, indem man ausreichenden Abstand wahrt und sich ruhig verhält.

SICHERHEIT AUF SAFARI

Grundregeln für sicheres Verhalten
- *Nicht zu nah an ein Tier heranfahren (speziell Elefanten, Nashörner).*
- *Auf Fuß-Safari niemals wegrennen. Rennen signalisiert Angst und animiert Raubkatzen und Elefanten zum Nachstellen.*
- *Nicht zwischen eine Herde gelangen (gilt speziell bei Elefanten).*
- *Essen und Früchte luftdicht verpacken!*
- *In unüberschaubaren Gebieten nicht aus dem Wagen steigen.*
  Siehe auch „Tierbeobachtung", ab S. 71, und „Parkregeln", S. 24.

Elefanten
- Keine Früchte im Wagen mitführen!
- Niemals zwischen Elefantenkühe und deren Junge geraten!

Flusspferde
- Nicht zwischen Tier und Wasser geraten!
- Es besteht keine Gefahr, wenn ein Flusspferd nachts direkt neben dem Zelt grast.
- Blitz und Taschenlampe vermeiden und im Zelt bleiben!

Büffel
- Im Fahrzeug besteht keine Gefahr.
- Auf Fuß-Safari strikt an die Anweisung des Führers halten!

Löwen/Leoparden
- Auf Fuß-Safaris niemals wegrennen!

Paviane und Milane (Greifvögel)
Können penetrant sein, speziell an Picknickplätzen in Parks, wo Essensreste hinterlassen werden. Pavianmännchen haben wenig Respekt vor Frauen und reißen auch schon mal Essen aus der Hand!
- Dann gilt: Bloß nicht wehren!

Krokodile
- Vorsicht an flachen Uferböschungen von krokodilreichen Flüssen!
- Es besteht keine Gefahr nachts im Camp. Krokodile bleiben im Wasser und marschieren nicht im Camp herum.

SICHERHEIT AUF SAFARI

Schlangen
- Sind selten zu sehen. Halten Sie aber dennoch (oder gerade deswegen) die Augen auf.
- Stets darauf achten, wo man hintritt!
- Büsche und vegetationsreiche Felslandschaften meiden!

Notfall im Busch! Was geschieht?

Was passiert, wenn ich inmitten eines Wildschutzgebietes in eine Notfall-Situation komme? Sind Sie im Rahmen einer organisierten Safari unterwegs, geschieht in der Regel Folgendes:

Auf Tierbeobachtungsfahrten und -fußmärschen wird stets ein **Funkgerät** mitgeführt. Damit wird als Erstes sofort die Unterkunft benachrichtigt.

Dort kann man entweder über Kurzwelle oder sogar telefonisch (das hängt von der Netzabdeckung ab bzw. ob ein Satellitentelefon vorhanden ist) den **Flugrettungsdienst** kontaktieren. Der Service, den die im östlichen und südlichen Afrika als „Flying Doctors" bekannten Privatunternehmen bieten, ist meist über die heimische Krankenrücktransport-Versicherung abgedeckt. Das an Bord befindliche Team von Notärzten ist kompetent, besteht oft aus weißen Südafrikanern oder Europäern.

Risiken abgedeckt?
Schließen Sie auf alle Fälle eine Auslandsreise-Krankenversicherung ab und klären Sie vor der Abreise bei Ihrer Versicherung, wie die Rettungsmaßnahmen bei Notfällen finanziell abgedeckt sind.

Je nach Krankheitsfall wird man in die nächstbeste **Klinik** geflogen, wo man von fachkundigen Ärzten in Empfang genommen wird. Dort werden weitere Maßnahmen, wie etwa ein Transport zu den überregionalen Krankenhäusern (Johannesburg, Nairobi, Kapstadt usw.) oder nach Europa, beschlossen.

Die Distanzen in Afrika sind sehr groß: Je nach Safari-Region kann es zwischen einer Stunde und unter Umständen einem halben Tag dauern, bis die notwendige medizinische Betreuung bei Notfällen am Unglücksort eintrifft!

Safari-Gestaltung

Safari-Gestaltung, Fortbewegung und Unterkunft

Einführung

Foto-Safaris in Afrika lassen sich sehr vielseitig gestalten. Besonders im Bereich „Aktiv-Safari", wo der Outdoor-Charakter und der tiefere Bezug zur Natur unterstrichen wird, hat das Safari-Angebot an Attraktivität gewonnen. Viele Möglichkeiten bestehen, um bspw. nicht nur oder auch überhaupt nicht mit einem Jeep unterwegs zu sein. Die passive Betrachter-Position wird hier und da aufgebrochen, die Safari wird hautnah, der Kontakt zu Natur und Tierwelt aktiver vermittelt.

Den Unterkunftsmöglichkeiten sind dabei keine Grenzen gesetzt. Von Camping in kleinen Igluzelten bis hin zu luxuriösen Buschhotels – Lodges oder Camps genannt –, jeder Komfort- und Abenteueranspruch wird bedient und ist in erster Line eine Frage des Geldes.

Ein Safari-Aufenthalt in Afrika ist vor allem eine Reise. In der Tat bedeuten Safaris in der Praxis, dass man fast immer – in unterschiedlichster Art und Weise – unterwegs ist. Mal werden große Distanzen zwischen Nationalparks zurückgelegt, mal ist man in einer kleinen Region unterwegs und erkundet unermüdlich das nahe Umfeld. Stets ist die Safari von Bewegung gekennzeichnet, dem Nachspüren von Tieren und dem Erlebnis von laufend neuen Landschaftsbildern. Ob zu Land, zu Wasser oder in der Luft, den Fortbewegungsarten sind keine Grenzen gesetzt. Motorisiert oder von Muskelkraft angetrieben – unterwegs sein ist die eine Hälfte einer Safari in Afrika. Die andere wird bestimmt durch das Erleben von Landschaften und Tierwelt.

Safari mit Kraftfahrzeugen

Die klassische und bekannteste Form einer Safari in Afrika ist dadurch geprägt, mit einem Fahrzeug unterwegs zu sein, in Nationalparks auf Tierbeobachtungsfahrt zu gehen oder Reiseziele per Auto zu erreichen. Unterschiedliche Fahrzeugarten werden eingesetzt. In einigen Regionen kommt man um eine **absolute Geländetauglichkeit** nicht herum. In einer Reihe von Nationalparks mit guter Infrastruktur sind Safaris auch in **normalen PKWs** möglich.

Wenn Safaris für große Reisegruppen stattfinden, wo Komfort nicht im Vordergrund steht, sondern Abenteuer und Camping-Erlebnis, werden bisweilen auch große **LKWs** eingesetzt. Selbst **Motorrad-**

Safari mit Kraftfahrzeugen

Safaris sind möglich. Die von den Veranstaltern eingesetzten Fahrzeuge richten sich nach Geländeanspruch, Image und Exklusivität. Anschaffungskosten, Unterhalt und letztendlich Anzahl der Fahrgäste sind mit entscheidend für den Preis einer Safari.

Neben der Geländetauglichkeit spielen noch die **Sichtverhältnisse** bei Tierbeobachtungsfahrten eine Rolle. Schließlich wollen Sie ja auch etwas sehen. Sollten Sie auf dem hinteren Mittelsitz eines Safari-Busses den Nationalpark-Besuch erleben, wird dies aller Wahrscheinlichkeit nach keine erfreuliche Safari. Offene Fahrzeuge mit Cabrio-Charakter bieten dagegen wesentlich mehr Sichtkontakt zur Natur.

Selbstfahrer sollten ebenfalls gut überlegen: Wer meint, der halb so teure **Mietwagen** wird für die Safari ausreichend sein, kann schnell eines Besseren belehrt werden. Fest im Glauben von Sonnenschein und trockenen Pisten, können plötzliche Platzregen für zweiradgetriebene PKWs eine Tortur bedeuten. Bei der Wahl Ihrer Safari sollten Sie daher auch einen Blick auf die Fahrzeugarten werfen und abwägen, ob Sie lieber ein paar Euro mehr zahlen als am Ende auf Grund von Einschränkungen in Komfort und Sichtverhältnissen nur die Hälfte erleben zu können.

Safari mit Kraftfahrzeugen

Der geschlossene Geländewagen

Ob für Transfers bei Park-zu-Park-Safaris oder Tierbeobachtungsfahrten, der geschlossene Geländewagen ist in vielen Safari-Ländern das einschlägige Transportmittel, besonders im östlichen Afrika. In erster Linie sind dies Fahrzeuge der Marke **Land Rover.** Wenn auch Geländefahrzeuge anderer Hersteller technisch nicht schlechter oder sogar ausgereifter sind, die britischen „Landies" haben einen legendären und ungebrochenen Ruf in der Safari-Szene und werden oft für **Camping-Safaris** eingesetzt. Ausgestattet mit einer hochzustellenden Dachluke für Tierbeobachtungen finden neben dem Driver-Guide gut 3–5 Leute in einem Wagen Platz.
- **Vorteil:** gegen Sonne, Regen und Wind geschützt
- **Nachteil:** eingeschränkte Sicht

Der offene Geländewagen

Speziell für die Safari-Industrie umgebaute Geländewagen (meist Landrover) mit 2–3 Sitzreihen auf der Pritsche und einem Sonnendach je nach Bedarf. Neben Fahrer und Guide sind auch so genannte „tracker" dabei, die auf einem Klappsitz vorn links auf der Stossstange sitzen und nach Spuren Ausschau halten. Diese Art Fahrzeuge wird hauptsächlich im südlichen Afrika eingesetzt und auch nur für Tierbeobachtungsfahrten in Wildschutzgebieten.
- **Vorteil:** hervorragende Sicht, abenteuerlicher, naturverbundener
- **Nachteil:** wenig Schutz bei Regen und Wind

Safari-Van, Mini-Bus

In Gebieten, wo Park-zu-Park-Safaris mit dem stets gleichen Fahrzeug stattfinden und die Safari kostengünstig verlaufen soll, werden Minibusse, auch Safari-Vans bezeichnet, eingesetzt. Je nach Größe der Kleinbusse finden 8–16 Leute Platz. Übernachtungen finden fast immer in Lodges mit normalem Hotel-Standard statt. Solche Safari-Busreisen werden hauptsächlich in Ostafrika praktiziert sowie in einigen Gebieten des südlichen Afrika und nennen sich **Lodge-Safaris.**
- **Vorteile:** gegen Sonne, Regen und Wind geschützt, preiswert
- **Nachteile:** eingeschränkte Sicht, weniger geländegängig

GAME DRIVE

LKW, Truck

Große, geländegängige LKWs/Trucks werden für Park-zu-Park-Safaris eingesetzt und stehen für kostengünstigste Safaris, bei denen Camping im Vordergrund steht. Sie werden für Gruppenreisen mit 12–30 Teilnehmern genutzt. Mehrere Sitzbänke bieten reichlich Platz. Einige LKWs kommen mit einem Planenverdeck aus, manche haben richtige Hardtop-Konstruktionen mit Schiebefenstern. Stopps werden in und außerhalb von Wildschutzgebieten eingelegt. Die Gruppe packt selbst mit an, baut Zelte auf und hilft beim Kochen und Abwaschen. Die auch als **Overlander-Safaris** bezeichnete Form von vergleichbar preiswerten Gruppenreisen können sich über halb Afrika erstrecken.
- **Vorteil:** sehr preiswert, lockere Atmosphäre
- **Nachteil:** wenig Ruhe, Tierbeobachtungen schwierig (laut)

Game Drive (Tierbeobachtungsfahrt)

Das eigentliche Safari-Erlebnis bestimmen die so genannten Game Drives (Game = Wild), Tierbeobachtungsfahrten oder auch Pirschfahrten, in einem Wildschutzgebiet. Anders als bei einem Rundgang durch einen Zoo weiß man natürlich nie genau, welche Tiere man zu Gesicht bekommt. Doch genau das macht eine Tierbeobachtungsfahrt aus: Mit ungebrochener Anspannung und Hoffnung in freier Wildbahn unterwegs sein, um plötzlich und völlig unvermittelt ein Löwenrudel aufzuspüren oder an einem Wasserloch zu sehen, welches Tier als nächstes zum Trinken kommt.

Game Drives finden in der Regel früh morgens und am späten Nachmittag statt. Dann lässt sich am meisten sehen, denn die Tiere sind wesentlich aktiver als in den heißen Mittagsstunden (s. S. 74). Meist ist man etwa drei Stunden unterwegs, bevor man zu einem späten Frühstück (oder Brunch) bzw. zum Sundowner wieder in die Lodge zurückkehrt.

Game Drives werden von Safari-Guides durchgeführt, die auch meist die Route wählen und mit anderen Fahrern Informationen austauschen. Je nach Standard (vom Mini-Bus bis zum offenen Geländewagen) kann ein Game Drive sehr informativ sein. Bei gesichteten Tieren wird viel Wissenswertes zur Art vermittelt.

GAME DRIVE

Ein „game drive" (Tierbeobachtungsfahrt) mit Jacky

Pünktlich um 6 Uhr morgens versammeln wir uns an der Rezeption, wo Jacky, unser Safari-Guide, uns mit einem breiten Grinsen und einem lebensfrohen „Good morning, did you sleep well?" erwartet. Wir, das ist eine bunt zusammengewürfelte Truppe von Safari-Touristen, die gerade ihre erste Nacht in einer Nationalpark-Lodge verbracht hat.

Vier von uns sind ziemlich müde. Wir hatten die letzten Bungalows am Rande der Lodge-Grenze, da wo nachts unermüdlich die Flusspferde weiden, oder treffender gesagt, mit voller Inbrunst schmatzen und mampfen, als gelte es, den Eintrag ins Guinessbuch der Rekorde zu schaffen - für die lauteste Essart! Jacky grinst nur. Wahrscheinlich hört er diese Sätze jeden Morgen und freut sich insgeheim, wenn einer seiner Safari-Gäste dem nächtlichen Hippo-Programm nicht entkommen konnte. Denn Jacky hat sich längst an die vielen Laute im Busch gewöhnt und schläft durch wie ein Elefantenbaby.

Dann erklärt uns Jacky kurz, in welchem Gebiet des Parks er heute gedenkt umherzufahren, dass wir etwa drei Stunden unterwegs sein und auch einmal aussteigen werden. Nachdem wir uns auf den drei Sitzbänken des offenen Landrovers verteilt haben, fahren wir auch schon los. Noch bevor wir das Camp richtig verlassen haben, überquert eine Hyäne die Piste. „Die geht jetzt ins Bett da drüben im Gebüsch", meint Jacky. Ein paar von uns können das Vorhaben der Hyäne gut verstehen! Doch die kühle Morgenluft und der leichte Fahrtwind treibt uns endgültig den Schlaf aus den Augen. „Deswegen", fährt Jacky fort, „sind wir so früh morgens unterwegs. Es ist eine gute Tageszeit, um möglichst viele Tierarten zu sehen, besonders aktiv und nicht nur herumliegend. Die nachtaktiven Tiere suchen ihre Schlaf- und Ruheplätze auf, die tagaktiven gehen auf Nahrungs- und Wassersuche."

Und tatsächlich, in den nächsten drei Stunden bekommen wir mehr zu sehen als erwartet: Elefantenkühe mit Jungen, schnarchende Löwen, Giraffen bei Streckübungen mit Baumwipfeln, Warzenschweine, grimmig aussehende Büffel und jede Menge Antilopen. Dann der Höhepunkt. Jacky hält an und zeigt auf einen recht weit entfernten Baum. Keiner von uns sieht etwas. Dann die Anweisung von Jacky: „Wir fahren jetzt näher heran, bitte ruhig bleiben, nicht aufstehen und erst bei meinem Handzeichen mit Fotografieren und Filmen beginnen."

Game Drive

Ein Leopard sei dort im Baum. Wie hat er den bloß gesehen? Doch Jacky grinst nur und meint "easy!", sichtlich glücklich über die Tatsache, uns einen ganz besonderen "Fang" präsentieren zu können.

Der Moment ist überwältigend, keine 15 Meter vom Baum entfernt stellt Jacky den Motor ab, stets im Blickkontakt mit dem uns beäugenden Leoparden.

Dann das Handzeichen. Wir fotografieren, die Sonnenstrahlen schenken uns warmes Licht. Wir sind wie gelähmt von dem Ereignis. Jacky zeigt rechts am Leoparden vorbei und flüstert "Ein gerissenes Impala! Da auf dem Ast. Der Riss muss gerade erst passiert sein, denn es ist noch nicht aufgerissen, der Leopard atmet auch noch zu schnell. Das erklärt auch, warum noch keine Geier über dem Baum kreisen und sich noch keine Hyänen versammelt haben". Was für eine Situation, denken wir, angewurzelt vor Aufregung. Schließlich dreht sich der muskulöse Leopard auf dem Ast herum und schreitet grazil zu seiner Beute, beschnuppert sie, leckt am Fell und beißt schließlich hinein. Er zieht die Haut mit seinem Gebiss hoch, bis sie durch seine scharfen Zähne reißt und das kaum blutende Fleisch zum Vorschein kommt.

"Er muss sehr hungrig sein, lässt sich von uns nicht abhalten", erzählt Jacky. Ein kleine Weile schauen wir seinen langsamen und noch von Überanstrengung geprägten Bemühungen zu.

Die ersten Geier sind eingetroffen, nehmen im Baum nebenan Platz, während andere noch Landeplätze suchen.

Wir, mit einem ebenso großen Hunger im Bauch wie unser freundlicher Leopard, nehmen Abschied.

"Dauert nicht mehr lange und neugierige Hyänen werden vorbeikommen.", so Jacky, "Doch die werden zunächst nicht erfreut sein. Da oben an die Äste kommen sie nicht ran, denn im Klettern sind sie etwa genauso schlecht wie Flusspferde. Nur die Geier werden irgendwann heute oder vielleicht auch erst morgen die letzten Reste unter sich aufteilen, natürlich erst, wenn der Leopard weg ist.

Die Hyänen werden das Schauspiel der Federviecher verfolgen. Erfahrungsgemäß fällt dann nämlich was vom Baum!", erklärt er abschließend.

Halb Zehn ist es schon, in der Lodge gibt es Spiegeleier mit Speck und Bohnen – unter einem Baum ohne Geier und Hyänen!

Night Drive

Night Drives sind **Tierbeobachtungsfahrten bei Nacht.** Mit lichtstarken Scheinwerfern wird die Finsternis nach Tieren abgeleuchtet. Das hat nichts mit Überstunden im Safari-Tourismus zu tun, sondern wird unternommen, weil sich nachts viele Tiere beobachten lassen, die man tagsüber nicht oder nur äußerst selten zu Gesicht bekommt (z. B. Ginster- und Zibet-Katzen, Erdwölfe, Gürteltiere usw.).

Night Drives sind aber umstritten. Viele befürchten eine **Gefährdung der Tiere.** Zum einen können kräftige Suchscheinwerfer Tieren mit nachtempfindlichen Augen großen Schaden an der Netzhaut zufügen, zum anderen können Tiere durch das ungewohnte Licht in der Nacht ihre natürlichen Instinkte verlieren. Eine Antilope rennt dann womöglich einem Leoparden direkt auf den Präsentierteller. Damit würde man ganz extrem in die Natur eingreifen. Denn einem Tier direkt in die Augen zu leuchten gilt als Tabu. Leider kommt das dennoch vor, damit der Tourist auch sein Nachtfoto schießen kann. In der Tat werden Night Drives, vornehmlich eine südafrikanische Domäne, selten mit aller Professionalität ausgeführt. Nur wenn Tiere so angeleuchtet werden (z. B. vor ihnen auf den Boden), dass die natürlichen Verhaltensweisen nicht beeinflusst werden, können Night Drives zu einem ungetrübten Erlebnis werden – für Sie und die Tiere!

Zu Fuß – die „Walking-Safari"

Die Fuß-Safari – auch Foot-, Walking-Safari oder Game Walk – ist zweifelsohne die authentischste und naturverbundenste Art, die Wildnis zu erleben. Sicherlich werden Sie im Rahmen einer sachkundig geführten Fuß-Safari nicht ganz so nah an die Tiere herangeführt – geschweige denn, dass diese Sie überhaupt so nah heranlassen – wie dies mit dem Fahrzeug möglich ist. Fuß-Safaris eignen sich daher nur bedingt für gute Tierfotografie. Doch lassen sich Dinge sehen, die auf Tierbeobachtungsfahrten oft völlig an Ihnen vorbeigehen.

Zum einen lassen sich ohne laufenden Fahrzeug-Motor **Geräusche und Stimmen** viel besser wahrnehmen und zum anderen ist man nicht an feste Wege gebunden. Bei einer Fuß-Safari geht es mitten durch Busch und Savannengras, wird sich an Wasserlöcher herange-

DER SAFARI-GUIDE

Der Safari-Guide/Driver-Guide ...

... macht den Unterschied zwischen einer durchschnittlichen Reise und dem absoluten Safari-Erlebnis aus. Von ihm – ein in Afrika fast ausschließlich von Männern ausgeübter Job – hängt es oft ab, was Sie zu sehen bekommen, was Sie über Flora und Fauna erfahren und (wichtig!) wie sich die Stimmung in Ihrer Gruppe entwickelt. Ein Guide muss daher nicht nur viel Wissen besitzen, sondern eben auch ein gutes Gespür, Menschenkenntnis und Humor. Seine Fähigkeit, möglichst nah an die begehrten Tiere heranzufahren (ohne sie zu stören) oder sich ihnen zu Fuß zu nähern, ohne dass diese panisch davon galoppieren oder gar angreifen (!), kann über einen sehr guten oder mittelmäßigen Ausgang einer Safari entscheiden. Bei organisierten Safaris wird der Fahrer in der Regel vieles zuerst sehen, denn er weiß, wonach er suchen muss und erkennt bereits an entfernten Konturen die Tierart.

Viele Guides haben eine spezielle Safari-Guide-Ausbildung durchlaufen, andere haben sich ihr Wissen allein und im Laufe der Zeit angeeignet. Für den Safari-Touristen bildet der Safari-Guide die Brücke zur Natur und zum Land allgemein. Speziell wenn Sie auf einer Rundreise mit einem Fahrzeug unterwegs sind, wird sich ein engeres Verhältnis zum Guide entwickeln. Guides sprechen in den meisten Fällen gutes Englisch, in einigen Safari-Gebieten trifft man auch Deutsch sprechende Guides an, was man über den Veranstalter herausfinden kann.

In punkto Verhalten gegenüber dem Guide ist noch Folgendes zu sagen: Geben Sie sich und Ihrem Guide Zeit, um gegenseitiges Vertrauen/Verständnis aufzubauen. Fordern Sie nicht zuviel. Ihr Guide kann nicht garantieren, welche Tiere zu sehen sein werden. Hier lässt sich auch wenig reklamieren, es sei denn, die Fahrweise ist grob fahrlässig. Neben einem angepasstem Trinkgeld (s. S. 57) sind auch Abschiedsgeschenke denkbar, wie ein Fernglas oder eine Sonnenbrille. Meistens wird Sie der Guide von allein ansprechen, welche Gegenstände ihn faszinieren, sprich welche er am Ende der Safari am liebsten sein Eigen nennen würde.

Zu Fuss – die „Walking-Safari"

schlichen oder es werden Tiere aus sicherem Abstand verfolgt. Beeindruckend ist auch die **Spurensuche**. Fuß-, Tatzen- und Hufabdrücke unterscheiden zu lernen, sie zu deuten und – wenn frisch – ihnen sogar nachzugehen; die Losungen den Tieren zuzuordnen und mehr über Fressgewohnheiten und Markierungen zu erfahren; anhand von abgebrochenen Stämmen/Ästen oder abgenagten Zweigen zu erkennen, welche Tiere was anrichten, sich wovon ernähren – all diese Details tragen dazu bei, die afrikanische Wildnis besser zu verstehen und ihr näher zu kommen.

Fuß-Safaris werden von **bewaffneten Safari-Guides** durchgeführt, oft auch noch begleitet von einem Tracker (Spurenleser) oder von einem Ranger (Wildhüter). Das mitgeführte Gewehr ist nur für äußerste Notfälle (s. „Sicherheit auf Safari" ab S. 28). Das **Mindestalter für Kinder** beträgt in vielen Parks des südlichen Afrika 8 Jahre, anderswo kann auch 12 oder 14 Jahre als Mindestalter angesetzt sein. In allen Ländern Safari-Afrikas sind Fuß-Safaris möglich, jedoch nicht in allen Nationalparks, z. B. Tansania und Kenia. Folgende Unterschiede gibt es in Bezug auf Dauer und Erlebnis:

Morgen- oder Nachmittagspirsch

Fuß-Safaris, die von einem Camp bzw. einer Lodge aus stattfinden und in der Regel 2 bis 3 Stunden dauern. Diese werden früh morgens oder am späten Nachmittag unternommen, um die Mittagshitze zu meiden. Die beste Zeit ist morgens, direkt nach Sonnenaufgang, gestärkt mit Kaffee oder Tee und einer Kleinigkeit zu knabbern. Ausgiebiges Frühstück wird dann meistens nach Rückkehr gereicht. Im Rahmen dieser kurzen „walks" in Haupt-Tierbeobachtungsgebieten innerhalb von Parks ist oftmals mehr Artenreichtum zu erleben als im Rahmen mehrtägiger Wanderungen.

Mehrtägige Walking-Safaris

Für wirkliche Wanderfreunde sind mehrtägige Walking-Safaris ein sehr beeindruckendes Erlebnis. Im südlichen Afrika ist man auf so genannten Wilderness Trails unterwegs.

Das **Gepäck** wird auf Fahrzeugen zu den jeweils nächsten Übernachtungscamps gebracht, während man tagsüber nur mit einem kleinen Daypack ausgestattet ist. Im östlichen Afrika werden auch Packesel eingesetzt und man wird von **Maasai-Kriegern** begleitet, was den Erlebniswert noch zusätzlich steigert.

Ähnlich wie bei einer Morgenpirsch steht auch hier die Erkundung der Wildnis im Vordergrund. Gelaufen wird ebenfalls hauptsächlich morgens und nachmittags, doch „Kilometer zu machen" ist nicht das Wesentliche. Mehrtägige Fuß-Safaris sind nicht mit Trekking-Touren zu vergleichen. Selbst Duschen und richtige Toilettenzelte können auf Wunsch aufgebaut werden.

Boot-Safari

Vom Wasser aus die Wildnis erleben, da, wo Flüsse und Seen viele Tiere anziehen, ist eine weitere Safari-Dimension, die man sich während eines Afrika-Urlaubes nicht entgehen lassen sollte. Mit Booten kann man sich den Tieren bis auf kürzeste Distanz nähern. Die Tiere empfinden die Menschen nicht so stark als Bedrohung wie auf dem Land. Elefanten lassen sich im Wasser auf diese Weise aus nächster Nähe beobachten. Insbesondere Flusspferde, Krokodile sowie viele Vogelarten sind vom Wasser aus sehr gut zu sehen.

BOOT-SAFARI

Mit dem Motorboot

Die Gestaltung ist genauso vielseitig wie bei Landfahrzeugen. Es gibt große, **zweistöckige Beobachtungsboote,** die wie Safari-LKWs 30 und mehr Personen aufnehmen können. Solche schwimmenden Aussichtsplattformen werden auf dem Lake Kariba/Sambesi in Simbabwe eingesetzt und finden meist als Halbtages-Touren statt.

Für kleinere Gruppen oder enge Flusskanäle werden auch **flache Motorboote** eingesetzt, die über gute Sitzgelegenheiten verfügen. Mit solchen Booten werden ebenfalls in der erwähnten Region Safaris unternommen (auch auf dem Fluss Chobe zwischen Namibia und Botswana – dort „Lauchtrips" genannt).

In Ostafrika sind Boot-Safaris besonders erlebnisreich im Binnendelta des Selous Game Reserve und im Rubondo Island National Park im Victoriasee. Motorgetriebene Boote haben den Vorteil, größere Distanzen zurücklegen zu können, lassen einen auf Grund des Motors näher an potenziell missmutig reagierende Tiere (Flusspferde, Elefanten) herankommen und natürlich auch wieder wegdüsen. Auch liegen Sie für die Fotografie stabiler im Wasser. Andererseits lässt sich ohne Motorengeräusch die Natur wesentlich intensiver aufnehmen.

Mit dem Kanu

Sich in kleinen Gruppen und fast lautlos auf Flüssen und in überschwemmten Gebieten fortzubewegen ist ein Safari-Highlight. Das schöne an einer Kanutour ist die Ruhe, die Wahrnehmung der Geräuschkulisse, während man mit etwa 5 km/h dahintreibt. Dabei auf Höhe der Wasserlinie zu sein steigert das Naturerlebnis ungemein. Man muss auch keine Paddel-Erfahrung haben, denn bei organisierten Kanu-Safaris ist man zu zweit im **Fiberglass-Boot** und hinten sitzt ein so genannter **„Canoeing-Guide",** der nicht nur das Paddeln und Steuern übernimmt, sondern auch sein Wissen über die Tierwelt mitteilt. Die wackelig aussehenden Boote sind äußerst kippstabil.

Kanu-Safaris sind besonders populär auf dem Sambesi-Fluss zwischen Sambia und Simbabwe, werden aber auch am Orange River und im St. Lucia National Park in Südafrika angeboten. In Ostafrika sind Kanu-Safaris dagegen wenig bekannt und nur in Tansanias Manyara Park zu erleben.

Reit-Safari

Mit dem Mokoro (Einbaum)

Die nur im Okavango-Delta in Botswana durchgeführten Einbaum-Safaris unterscheiden sich im Erlebnisgehalt nur kaum von Kanu-Safaris. Mit einem Mokoro lässt sich aber noch lautloser dahergleiten, denn anstatt zu paddeln wird gestakt.

Diese Aufgabe übernimmt der so genannte **„Poler"**, der im hinteren Ende des Mokoro steht (!) und die Fuhre mit einer langen Stange vorandrückt. Das ist deswegen nötig, weil in den zahlreichen überschwemmten Flusslandschaften ein Paddel auf Grund des vielen Grases und der geringen Wassertiefe nicht eingesetzt werden kann. Auf diese Weise dringt man in jeden Winkel des Deltas vor.

Für Besucher des Okavango-Deltas ist eine Fahrt im Mokoro ein „Muss". Mokoro-Safaris können sich über mehrere Tage erstrecken. Außer dem Poler haben noch zwei Personen einen Sitzplatz mit Rückenlehne.

Reit-Safari

Auf dem Pferderücken

Wenig bekannt sind die so genannten **Horseback-Safaris.** Auch vom Pferd lässt sich in manchen Wildschutzgebieten (oder auch außerhalb) die Tierwelt auf eindrucksvolle Weise erleben.

Der Vorteil ist, durch jegliches Gelände vorankommen zu können, sogar durch große Sumpflandschaften, wie etwa im Okavango-Delta. So kann man sich den Tieren, speziell Antilopen und Huftieren, auf kurze Distanzen nähern und diese beobachten. Man sollte allerdings einiges an Reitfahrung mit sich bringen.

Reit-Safaris lassen sich z. B. auf dem Nyika-Plateau in Malawi, am Kilimandscharo in Tansania, in Namibia und am Rande der Masai Mara in Kenia unternehmen. Auch in einigen privaten Wildreservaten in Südafrika und Simbabwe sind sie möglich.

Die mehrtägigen Safaris werden in Zusammenarbeit mit Lodges und Camps organisiert und mit Wildbeobachtungsfahrten im Jeep verbunden.

Infos zu Reit-Safaris
www.inthesaddle.com
www.reiterreisen.com
www.horses.ch

Train-Safari

Auf dem Elefantenrücken

Das wahrscheinlich beeindruckendste und afrikanischste Safari-Erlebnis sind die so genannten Elephantback-Safaris. Lange Zeit hieß es, afrikanische Elefanten ließen sich nicht wie ihre indischen Vettern als Reitgefährten trainieren. Nach langjähriger Arbeit und dem Heranziehen von Zirkus-Elefanten aus den USA sind seit einigen Jahren aber mehrtägige Reit-Safaris in Botswanas Okavango-Delta und in Simbabwe möglich. **Kinder** unter 16 Jahren dürfen allerdings nicht mit. Ein Nachteil sind die **Kosten.** In Botswana müssen ab 1000 Euro pro Person und Tag veranschlagt werden! Dafür hat man auf Grund der von allen Vertretern der Tierwelt respektierten und tolerierten Reitelefanten einen besonders nahen Zugang zur Wildnis.

Infos zu Elefanten-Safaris
www.elephantbacksafaris.com
www.wildhorizons.co.zw

Kamel-Safari

Dass Kamele bzw. Dromedare auch im Norden Kenias heimisch sind, ist wahrscheinlich kaum bekannt. In Begleitung von Samburu-Kriegern unternimmt man dort mehrtägige Kamel-Safaris durch die Trockensavanne. Die meiste Zeit läuft man jedoch nebenher, denn die Kamele werden in erster Linie als Lasttiere eingesetzt.

Eine Kamel-Safari ist dann auch mehr ein Trekking- und Kultur-Erlebnis, Tiere wie auf Game Drives in Nationalparks lassen sich weniger gut sehen. Auch in Südafrika werden Kamel-Safaris im nördlichen Buschmannland angeboten. Dort ist es zwar preiswerter, aber auch weniger authentisch als in Kenia.

Infos zu Kamel-Safaris
www.pyramide.net/safari
www.eco-resorts.com/CamelSafaris.htm

Train-Safari

Das Transportmittel sind stilvoll **restaurierte Züge,** teilweise von alten Dampflokomotiven gezogen, die auf einer bestimmten Route durch ein oder mehrere Länder Stopps in der Nähe von Wildreservaten und Sehenswürdigkeiten einlegen. Örtliche Veranstalter organisieren

BALLON-SAFARI

▲ *Auf Reit-Safaris kommt echtes Abenteuer-Feeling auf*

dann ein- bis zweitägige Safaris, bevor es schließlich weitergeht. Die Züge selbst gleichen rollenden Luxus-Hotels mit extravaganten Suiten, geräumigen Aussichtswagen und einem zuvorkommenden Service. Diese Reisen kosten Geld, sind aber ein einmaliges Erlebnis, besonders wenn man ein Eisenbahn-Fan ist.

Train-Safaris finden hauptsächlich in Südafrika, Namibia und Simbabwe statt. Einmal im Jahr verkehrt die sehr edle **Rovos Rail** von Kapstadt bis nach Dar es Salaam in Tansania.

Infos zu Train-Safaris
www.bluetrain.co.za
www.rovos.co.za
www.steam-in-south-africa.com

Ballon-Safari

In einem Heißluftballon über den grenzenlosen Savannen Afrikas zu schweben gehört sicherlich zu den ganz großen Erlebnissen auf einer Safari in Afrika. Als die ersten Ballons in den 1980er Jahren in Kenia und Südafrika ihre Luftfahrten über den Köpfen der Tierwelt aufnahmen, waren die „Blasen in der Luft" jedoch sehr umstritten. Die Dis-

GAME FLIGHT

kussion wurde nicht so sehr darum geführt, ob anderen Besuchern der Nationalparks die „natürliche" Aussicht genommen wird, sondern wie die Tiere denn reagieren würden. Wie tief bzw. hoch sollte die Mindesthöhe für Ballons sein, um Giraffen nicht den Scheitel zu kämmen?! Die anfänglichen Bedenken sind mittlerweile verblichen. Die Tiere haben sich an die fauchenden Schatten einigermaßen gewöhnt.

Schwindelfrei?
Wer nicht aus dem Fenster eines hohen Gebäudes oder vom Geländer einer hohen Brücke in die Tiefe schauen kann, muss beim Ballonfahren nichts befürchten. Denn das Problem der Höhenangst gibt es nur auf festem Terrain. Fliegen ist eine andere Dimension.

Eine Ballon-Safari ist nicht ganz preiswert (ab 250 Euro). Aus der Liste der dekadenten Safari-Möglichkeiten kann ich diese Art aber sehr empfehlen. Ein solches Flugvergnügen beginnt mit Sonnenaufgang und dauert in der Regel etwa eine Stunde. Der Ballonpilot, auch Luftschiffer genannt, hält per Funk Kontakt zum Verfolgerauto und dirigiert seine Bodenmannschaft zum möglichen Landepunkt. Je nach Veranstalter folgt anschließend ein Sektfrühstück unter einer Schirmakazie und/oder ein Game Drive.

Ballon-Safaris werden im südlichen Afrika, in der Masai Mara (Kenia) und in der Serengeti (Tansania) durchgeführt.

Scenic Flight/Game Flight

Über vielen Wildschutzgebieten lassen sich Rundflüge mit dem **Kleinflugzeug** organisieren. Über dem Okavango-Delta werden sogar **Hubschrauber** eingesetzt. Oft werden erst aus der Luft die erstaunlichen Ausmaße und die Bilderbuch-Landschaft eines Parks deutlich. Bei Niedrigstflughöhe lassen sich zahlreiche Tiere beobachten. Lohnenswert sind solche Flugstunden am frühen Morgen und am späten Nachmittag.

Game Flights werden vor allem im südlichen Afrika veranstaltet. Solche Flüge müssen allerdings **gechartert** werden, sie finden nicht nach einem regelmäßigen Flugplan statt.

Unterkunftsarten

Lodges und Camps

Eine stationäre Unterkunft in der Safari-Szene kann entweder eine **Lodge** oder ein **Zelt-Camp** sein bzw. eine Mischung aus beidem (Tented Lodge). Sie befinden sich entweder in Wildschutzgebieten oder außerhalb entlang der Parkgrenzen. In Bezug auf Service und Komfort besteht kein Unterschied zu Hotels der Mittel- oder Oberklasse. Lodges und Camps können entweder reine Unterkünfte sein, deren Serviceleistung sich – wie beim Hotel auch – auf Übernachtung und Verpflegung beschränkt oder aber es sind sämtliche Safari-Aktivitäten im Umkreis eingeschlossen.

In diesem Fall sind Lodges und Camps mit einem Fuhrpark, ein paar erlesenen Safari-Guides und oft auch mit Camping-Ausrüstung für größere bzw. exklusivere Exkursionen ausgestattet. Solche **all-inclusive Safaris** (manchmal sogar inklusive aller Getränke) gehören jedoch meist dem oberen Preissegment an.

▲ *Anzeige in einer alten Kolonialzeitung*

Lodges

Lodges liegen oft an Plätzen mit wunderbaren Ausblicken. Gebaut aus viel Naturstein und/oder Holz (Lodge wird auch mit Blockhütte übersetzt) sind sie oft gut in die Landschaft integriert. Lodges können klein und privat sein, sprich nicht für Tagestouristen zugänglich, oder sie sind ganz wie Hotels auf größere Besucherzahlen eingestellt und somit auch häufig der Öffentlichkeit zugänglich. Externen Safari-Touristen stehen dann auch Restaurant und Bar-Service zur Verfügung. Essen wird oft in Buffet-Form gereicht.

Tented Safari Camps

Tented Safari Camps sind reine Zelt-Camps aus Canvas-Leinen ohne oder nur mit wenig gemauerten bzw. aus Holz errichteten Baulichkeiten. Die Zelte sind zimmergroß, rustikal, aber fein ausgestattet (richtige Betten, Kommoden, Stuhl, Licht) entweder mit integriertem

Unterkunftsarten

▲ *Ob preiswert und rustikal ...*

WC und Bad oder mit zwei einzelnen Sichtschutzzelten für jeweils Toilette (chem. Campingtoilette oder Plumpsklo) und Dusche neben dem Hauptzelt. Der Toilettengang und das Duschen erfolgt dann unter freiem Himmel. Über eine Vorrichtung oder einen Ast wird ein Duschsack mit erhitztem Wasser nach Bedarf aufgehängt.

Die Gäste versammeln sich auf Stühlen um das Lagerfeuer, essen im Freien oder in einem Restaurant-Zelt, das „mess" genannt wird.

Die Tented Camps bieten die beste Mischung aus Komfort und Service einerseits und Naturverbundenheit andererseits. Generatorstrom ist nicht immer vorhanden, oft werden nur Kerzen und Kerosinlampen eingesetzt.

Tented Lodges

Die Tented Lodges sind eine Mischung aus Lodge und Camp, vereinen gemauerte Räumlichkeiten mit Zelten. Meistens sind Tented Lodges noch ein Stück luxuriöser und exklusiver als Tented Camps. Die „Zimmer" sind ebenfalls große Safari-Zelte.

Der Zeltboden besteht meist aus einer betonierten Fläche oder einer etwas erhöhten Holzplattform. Oft hängt das Zelt an einem Holzgerüst und ist von einem Reetdach überdeckt, um einen besseren

Unterkunftsarten

▲ ... oder teuer und luxuriös – Unterkünfte gibt es in jeder erdenklichen Art

Schutz vor Wind und Regen zu garantieren. Das Überdach reicht in der Regel weit über beide Enden des Zeltes hinaus. Auf diese Weise entsteht vor dem Zelt eine eigene Terrasse und am hinteren Teil überdeckt das Dach das ans Zelt anschließende, gemauerte oder aus Holz konstruierte Badezimmer mit Toilette (Wasserspülung). Zentrale Aufenthaltsbereiche, wie Restaurant, Bar, Rezeption und Aussichtsstellen, sind meist gemauert und von einem Reetdach überspannt.

Gästefarmen

Eine besonders in Namibia beliebte Art der Unterkunft. Der Aufenthalt erfolgt auf einer großen Farm, von wo aus Ausflüge und Safaris in nahe gelegene Parks unternommen werden. Gästefarmen sind meist Familienbetriebe und auf eine überschaubare Zahl von Gästen eingestellt. Die Atmosphäre ist familiär, oft isst man mit den Hausherren zusammen und bekommt einen intimeren Einblick in das Leben von Weißen aus dritter und vierter Generation.

Einziger Nachteil: Die Gästefarmen liegen außerhalb von Wildschutzgebieten, teilweise sind große Fahrstrecken für Foto-Safaris zurückzulegen.

UNTERKUNFTSARTEN

Camping/Campsites

Zeltplätze in und außerhalb von Parks werden in den meisten Ländern als „Campsites" oder „Camping Sites" bezeichnet. Campingplätze innerhalb von Wildschutzgebieten sind überwiegend funktionell gestaltet und einfach strukturiert. An den oftmals nur aus einer freigeschlagenen Fläche bestehenden Campsites finden sich (nicht immer) ein Toiletten- und Duschhäuschen.

In Ostafrika wird vielerorts zwischen so genannten **„public campsites"** und **„special campsites"** unterschieden. Public bedeutet zugänglich für eine große Anzahl von Campern, während special nur für eine Buchungsgruppe gedacht ist. Letztere kosten oft mehr, besitzen keine sanitären Einrichtungen, liegen aber dafür an den besten Stellen im Park.

In einigen südlichen afrikanischen Ländern unterliegen die Campingplätze in den Parks strikten **Reservierungsbedingungen.** Über Reservierungsbüros der jeweiligen nationalen Wildschutzbehörde oder auch über Botschaften in Deutschland müssen die Campingplätze ab 12 Monate vor dem angepeilten Termin im Voraus gebucht werden.

Privat verwaltete und oftmals bessere Campingplätze befinden sich außerhalb von Schutzgebieten. Ihnen angegliedert ist oft noch eine kleine Restaurant-Bar mit Einkaufsladen, oder, wie im südlichen Afrika, mit großen gemauerten Grillplätzen, Steckdosen und manchmal auch großen Waschsälen zum Wäschewaschen.

Wildes Zelten ist in den meisten Ländern möglich und wird auch geduldet, jedoch nicht innerhalb von Wildschutzgebieten. Eine Absprache mit den Bewohnern von nahe gelegenen Dörfern ist jedoch sinnvoll.

> **Zelten und Tiere**
>
> *Nachts sollten Zelte unbedingt geschlossen bleiben, denn ein geschlossenes Zelt wird von allen Tieren akzeptiert. In wildreichen Gebieten hält normalerweise Feuer die Wildtiere auf Distanz. Vorsicht mit Früchten, speziell wenn diese schon einen gärenden Geruch verströmen. Elefanten lieben sie und würden für solche Leckereien das Zelt besuchen oder den Rüssel durch das Autofenster stecken.*

UNTERKUNFTSARTEN

▲ Mit Spezial-Zelten auf Safari in Tansania

Wissenswertes über den Aufenthalt in Lodges und Camps

Lodges und Camps liegen in oder am Rande von Wildreservaten. Nur selten sind sie eingezäunt. Tiere haben also freies Kommen und Gehen.
Auf Grund der oft abgeschiedenen Lage wird **Strom** *mit Generatoren erzeugt. Aus Kosten- und Logistikgründen wird in vielen Camps/Lodges Elektrizität nur zu bestimmten Tageszeiten bereitgestellt. Meist morgens und abends, jeweils ein paar Stunden. Steckdosen in Zimmern und Zelten sind oft vorhanden (evtl. Adapter im Gepäck haben), um den Reiseföhn, den Rasierapparat oder das Akku-Ladegerät der Kamera anzuschließen.*
Während Fenster fast immer mit **Moskitonetzen** *versehen sind, gibt es über den Betten nicht immer Netze. Das hängt dann entweder damit zusammen, dass es wenig Mücken gibt oder dass die Zimmer/Zelte abends mit Mückenspray ausgesprüht werden.*
Wer seine Zeit in einem einsamen Busch-Camp verbringt, wird vom Rest der Welt nicht viel mitkriegen, es sei denn, man packt einen kleinen Weltempfänger ein. Auch die Möglichkeit zu mailen oder sein **Handy** *über den lokalen Mobilfunkbetreiber zu nutzen kann wegen unzureichender Netzabdeckung ausgeschlossen sein.*

Essen und Trinken

Cottages, Huts, Bungalows, Bandas

In vielen Wildschutzgebieten werden von den Parkverwaltungen kleine Übernachtungsmöglichkeiten angeboten. Im südlichen Afrika werden solche Herbergen als „Cottages" oder „Huts" bezeichnet, im östlichen Afrika spricht man von „Bungalows" oder „Bandas".
Cottages und Bungalows bieten meist Schlafgelegenheit für 3–6 Personen, verfügen über ein Bad und eine Toilette. **Huts und Bandas** sind dagegen einfacher, bieten lediglich ein Dach über dem Kopf und sind in der Regel für 2–4 Personen gedacht. Waschgelegenheit und Toilette sind separat und gemeinschaftlich.

Essen und Trinken

Während einer organisierten Safari in Afrika ist die Küche international. Das **Frühstück** gestaltet sich oft sehr englisch, d. h. zu Eiern werden Bohnen und Speck gereicht oder anstatt Müsli und Cornflakes kann es auch schon mal Haferschleim geben. Ansonsten wird alles aufgetischt, was man auch in der internationalen Hotelszene erwarten würde. Tropische Früchte und Wildfleisch werden oft gereicht.

> **Der Early-Morning-Tea**
> *Wer es nicht wusste, weiß es jetzt: Auf Safari steht man früh auf! Doch nicht ein an zu Hause erinnernder Wecker reißt einen um 6 Uhr morgens aus dem Schlaf. Auf Safari geht es klassisch zu. Ganz im alten englischen Stil wird ein Tee zum Zelt/ans Zimmer gebracht und der Weckruf klingt etwa folgendermaßen:*
> *„Good morning! Your early-morning-tea please ..."*

Wer den ganzen Tag über unterwegs ist, wird mit einer so genannten **Lunch-Box** versorgt. Meist wird dann ein Picknick im Park veranstaltet. Darüber hinaus lassen sich zusätzlich an vielen Park-Zugangstoren und Lodges Kleinigkeiten, wie Kekse, Schokolade, Säfte, Bier usw., einkaufen.

In der Safari-Industrie wird sehr auf **Hygiene** geachtet. In Küchen wird „sauberes" Wasser zum Abwaschen und Kochen verwendet. In Zelten und Lodgezimmern befinden sich meistens Trinkwasserflaschen (auch zum Zähneputzen).

ESSEN UND TRINKEN

▲ *Gemeinsames Frühstück mitten im afrikanischen Busch*

Das im Restaurant oder an der Bar gereichte Tafelwasser ist in der Regel abgekocht und gefiltert und in jedem Fall bedenkenlos zu trinken. Kein Unternehmen möchte das Risiko einer Negativ-Werbung in Kauf nehmen. Wenn dennoch Durchfall auftritt, so ist das meist eine individuelle Reaktion auf die plötzliche Nahrungsumstellung.

Trinkgeld
Wie überall im Urlaub sind Trinkgelder, oder „Tips", auch auf Safari üblich. Diese kommen in erster Linie den Lodge- und Camp-Bediensteten bzw. dem Safari-Guide zu. Die Höhe der erwarteten Beträge variiert von Region zu Region. Üblich sind 5-10 Euro pro Tag und Buchung. Doch um keine Missverständnisse hervorzurufen, fragen Sie ruhig den Veranstalter oder die Manager der Unterkunft. Denn oft gibt es auch einen Sammelkasten, Tip-box genannt, in den am Ende des Aufenthaltes Trinkgelder hineingesteckt werden. Auf diese Weise können auch Angestellte hinter den Kulissen (Koch, Wächter, Mechaniker usw.) von der Großzügigkeit der Gäste profitieren.

Safari-Ausrüstung

Safari-Ausrüstung

Allgemeines

Was die persönliche Ausrüstung und Kleidung anbelangt, macht man es selten genau richtig. Oft nimmt man eher zuviel mit, manchmal fehlt das ein oder andere.

Leute, die eine von Anfang bis Ende **durchorganisierte Safari gebucht** haben, brauchen sich nur Kopfzerbrechen wegen der persönlichen Gegenstände zu machen. Ist die Safari exklusiver, beinhaltet also viele Camp- und Lodge-Aufenthalte, können Sie Dinge wie Handtücher, Wechselkleidung für drei Wochen oder Schlafsäcke getrost zu Hause lassen. Hier wird guter Hotel-Standard geboten, Kleidung beispielsweise kann man regelmäßig waschen lassen.

Fluggepäck auf Safari
Bei Park-zu-Park-Transfers mit kleinen Flugzeugen dürfen oft nicht mehr als 10-15 kg Gepäck mit an Bord genommen werden. Sollten Sie mehr Gepäck haben (z. B. eine schwere Fotoausrüstung) müssen Sie das rechtzeitig über Ihren Veranstalter ankündigen lassen.

Budget-Safari-Campern steht ein solcher Service nicht immer zur Verfügung. Klären Sie deshalb vorher mit dem örtlichen Safari-Unternehmen, welche Ausrüstungsgegenstände Sie selber mitbringen müssen.

Als **Reisegepäck** sind große Taschen und Rucksäcke Hartschalenkoffern vorzuziehen. Reisetaschen lassen sich besser im Gepäckraum der Safari-Autos und Motorflugzeuge verstauen.

Kleidung

Die Kleidung richtet sich in erster Linie nach der Reisezeit, der Reiseart und dem Reiseziel. Denn sollte es ins **südliche Afrika** gehen, wenn zwischen Juni und September Winter auf der Südhalbkugel herrscht, dann ist vielerorts mit kühlen Abenden und frischen Morgenstunden zu rechnen.

Gleiches gilt auch für Bereiche im innertropischen Ostafrika. In **Kenia und Tansania** liegen viele Safari-Destinationen zum Teil weit über 1000 m hoch. Auch hier, in greifbarer Nähe zum Äquator, sinken die Temperaturen bei Anbruch der Dunkelheit schnell auf 10 °C und

Kleidung

weniger. Daher kann es nie schaden, einen warmen **Pullover** oder eine Fleece-Jacke sowie einen guten **Wind- und Wetterschutz** im Reisegepäck mit sich zu führen.

Tagsüber eignet sich jedoch Kleidung aus pflegeleichten, luftdurchlässigen und schweissabsorbierenden **Baumwoll- oder besser Gemischfasern.**

Leichte, lange Hosen und bequeme Hemden bzw. weitärmlige Blusen sind nicht nur aus gesundheitlichen Gründen sinnvolle, sondern auch in vielen Regionen Afrikas **„sittlich angemessene" Kleidungsstücke.** Es kann in einigen Regionen Afrikas als würde- und taktlos angesehen werden (nicht nur in islamischen Kreisen), wenn Oberschenkel oder Schultern nicht bekleidet sind.

Langärmelige, dünne **Hemden** sind T-Shirts vorzuziehen. Zum einen sind Sie mit Hemden bis auf die Hände abgedeckt gegen Mücken und andere Insekten. Zum anderen schützen sie bei Wanderungen oder Safaris in offenen Fahrzeugen vor Kratzern und vor zu intensiver Sonneneinstrahlung. Ein weiterer Vorteil ist, dass Hemden aus dünnem Stoff schneller trocknen als verschwitzte **T-Shirts.** In kühleren Regionen empfehlen sich spezielle Polyester-Coolmax Shirts, die unter dem Hemd oder auch solo getragen werden.

Ähnlich verhält es sich mit den **Hosen.** Lieber lang als kurz. Ideal sind Zip-Off-Hosen, bei denen man die Hosenbeine mittels Reißverschluss abtrennen kann. Auch wenn es noch so heiß zu werden scheint, kurze Hosen sind auf einer Fußsafari durch hüfthohes Savannengras und dorniges Unterholz nicht empfehlenswert. Sollte die Landschaft offener sein und es unerträglich heiß werden, können Sie bei einer Zip-Off-Hose schnell mal die Hosenbeine abtrennen.

Bei der **Farbe der Kleidung** sind dezente Farbtöne grell leuchtenden vorzuziehen. Allerdings ist es ein Trugschluss, dass man in naturnahen Farben gekleidet deutlich näher an Tiere herankommt. Die Farben spielen bei Tieren keine große Rolle, nur eben grelle, leuchtende Kleidung ist zu meiden. Kleidung in mattem Blau oder stumpfem Rot wird Sie genauso nah an die Tiere herankommen lassen wie die beste Tarnbekleidung. Tiere nehmen nämlich Ihren Geruch und Ihre Geräusche viel früher wahr als Sie denken, da wird auch ein Hemd im Baumrinden-Design nicht viel helfen. Doch zugegeben: Dezente naturnahe Farben vermitteln ein größeres Safari-Feeling – schick auch fürs Auge!

Kleidung

Tagsüber, für Fahrten in offenen Safariwagen oder in Motorbooten empfiehlt sich eine **Weste** mit Taschen. Einige Hersteller haben sogar regelrechte Safari-Westen im Programm, die sich bis auf die grünen und beigen Farbtöne nur unwesentlich von einer herkömmlichen Outdoor-Weste unterscheiden. Wichtig ist die Funktionalität. Safari-Westen bieten nicht nur Taschen für die persönliche Tages-Ausrüstung (Sonnenbrille, Taschenfernglas, Sonnenblocker, Taschentücher, Taschenmesser, Kaugummi usw.), sie wärmen vor allem auch bei Fahrtwind im offenen Wagen die Nieren.

Eine Allround-Alternative sind leichte Windjacken, bei denen man, wie bei der Zip-Off-Hose, die Ärmel mittels Reißverschluss abtrennen kann. Das hat den Vorteil, dass man neben einer Weste nicht noch extra eine Jacke mitschleppen muss. Wird es während einer morgendlichen Pirschfahrt nun langsam wärmer, trennt man die Ärmel der **Multifunktionsjacke** einfach ab. Die übrig bleibende Weste hat zudem den Vorteil, dass sie sich bei zu starkem Wind bis zum Hals schließen lässt, was bei vielen herkömmlichen Westen oft nicht der Fall ist.

In solchen Fällen sind **Hals-/Kopftücher** sehr zu empfehlen. Auch wenn man beispielsweise auf Grund der Hitze nur ein Hemd oder

▼ *Selbst wenn es tagsüber extrem warm ist – abends ist oft warme Kleidung nötig*

Schuhwerk, Camping-Ausrüstung

eine Bluse trägt: In offenen Safariautos ist man dem Fahrtwind und dem Staub öfter ausgesetzt, als einem lieb ist. Da kann ein Halstuch sehr angenehm sein und vor Dreck und einer Erkältung schützen.

Auch bei langen Haaren bewährt sich das Tragen eines **Kopftuches.** Es schützt nicht nur die feuchten Haare im Wind, sondern ist auch auf staubigen Pisten nützlich. Denn da kann das Haar sehr schnell verfilzen.

Schuhwerk

Bei der Wahl des Schuhwerks ist abzuwägen, was man im Safari-Urlaub machen wird. Besteht die Reise in erster Linie aus einer **Fahrzeug-Safari,** bei der man kaum zu Fuß unterwegs sein wird, dann reichen leichte, bequeme Schuhe, wie Sandalen oder normale Halbschuhe, mit sicherem Tritt. Sollte es sich aber um etwas regenreichere oder kühlere Monate handeln, kommt man um gute Schuhe nicht herum. Dann empfiehlt sich z. B. ein Goretex-Schuh, denn bei Tierbeobachtungsfahrten oder Transfers von einem zum anderen Nationalpark kann es durchaus vorkommen, dass man aussteigen und Wasserdurchfahrten im knöcheltiefen Pistenschlamm umlaufen muss, während der Fahrer versucht, den Wagen durch das Wasser zu dirigieren.

Wer während seines Safari-Urlaubs auch **Fuß-Safaris** plant, sollte ohnehin einen guten Schuh für unwegsames Gelände im Gepäck haben. Es empfehlen sich Schuhe, die über den Knöchel reichen. Ist das Safari-Gebiet trocken und warm, reichen leichte Schuhe mit griffiger Sohle aus atmungsaktivem Gewebe, wie z. B. Leinen.

In Zelten bzw. Lodge-Zimmern sowie im Aufenthalts- und Restaurantbereich reichen normale Halbschuhe oder Sandalen aus.

Camping-Ausrüstung

Eine Camping-Ausrüstung ist nur dann nötig, wenn man allein mit einem gemieteten oder eigenen Fahrzeug unterwegs ist.

Selbst wer eine kostengünstige Camping-Safari bucht, muss sich kaum um die Ausrüstung kümmern. Alle halbwegs seriösen Budget-

Safariveranstalter verfügen über Zelte, Matratzen/Isomatten, Schlafsäcke und Kochgeschirr. Lediglich bei den **Schlafsäcken** ist je nach Unternehmen zu erwägen, seinen eigenen von zu Hause mitzubringen. Denn Schlafsäcke können schon mal ziemlich mitgenommen aussehen, sind eventuell muffig oder – und das passiert häufig – werden dem Kälte-Isolierungsgrad nicht gerecht. Sprich: Man friert! Informieren Sie sich vorher bei dem Unternehmen und wägen Sie ab, ob Sie lieber mit dem eigenen Schlafsack unterwegs sein möchten. Für die meisten Regionen des östlichen und südlichen Afrika reicht ein leichter Thermo-Schlafsack mit einem Komfortbereich bis minus 5 °C.

Technische Ausrüstung

Neben der für Safaris schon fast obligatorischen **Kamera- und Film-Ausrüstung** sollte auch immer ein **Fernglas** für die bessere Tierbeobachtung im Gepäck sein (mehr hierzu s. S. 73).

Ein **Taschenmesser**, am besten mit Schere und Feile, ist immer nützlich.

Taschenlampe

Eine kleine Taschenlampe ist für die Abendstunden in Camps und Lodges unentbehrlich, denn vielerorts gibt es nur Generatorlicht, das ab etwa 22 Uhr abgeschaltet wird – und nicht alle Unterkünfte verfügen über Notlichter. Auch die Beleuchtung der Pfade und Wege zwischen Zimmer/Zelt und Aufenthaltsraum/Restaurant ist nicht immer ausreichend. **Batterien** sind nicht immer erhältlich und wenn, dann meist nicht von guter Qualität.

TECHNISCHE AUSRÜSTUNG

Kleine Buschapotheke

Gut organisierte und ausgerüstete Safari-Veranstalter, Lodges und Camps verfügen i. d. R. über eine ausreichende Apotheke für Notfälle. Zudem sind Erste-Hilfe-Kits i. d. R. im Fahrzeug bzw. Rucksack des Safari-Guides während einer Fuß-Safari. Da dies in der Praxis jedoch nicht immer so ist (und das Kit auch mal unvollständig sein kann), empfiehlt sich folgende Reiseapotheke:

- *Malariaprophylaxe, je nach Verordnung*
- *Insektenrepellent, z. B. Autan, Peaceful Sleep (besser und angenehmerer Duft; in vielen Parks/Lodges des südlichen Afrika erhältlich)*
- *Sonnencreme und -blocker*
- *Mineralsalztabletten (bei übermäßigem Schwitzen)*
- *Gegen Schmerz/Fieber: z. B. Paracetamol oder Aspirin*
- *Gegen Durchfall: z. B. Tannacomp, Loperamid oder Immodium akut*
- *Verbandsmaterial: Pflaster, Mullbinden, Schere*
- *Hansa-Sprühpflaster (desinfiziert und schützt, bewährt sich sehr gut)*
- *Gegen Reisekrankheit: z. B. Superpep-Reisekaugummi*
- *Gegen starken Juckreiz: Antihistamin in Tablettenform, z. B. Fenistil*
- *Gegen (aufgekratzte) Mückenstiche: Betaisodona*
- *Fieberthermometer*
- *Wundsalbe: z. B. Bepanthen*
- *Notfallantibiotikum: z. B. Tarivid oder Bactrim*
- *Augentropfen: z. B. Berberil*
- *Ohrentropfen (nur bei empfindlichen Hörkanälen)*
- *Ohrenstöpsel (bei schmatzendem Flusspferd neben der Zeltwand, auch gut gegen Fahrtwind)*
- *Für Brillen- und Kontaktlinsenträger: Reservelinsen und -brille*

Weitere Medikamente machen nur bei genauer Kenntnis über ihre Verwendung Sinn. Lagerungshinweise und Gegenanzeigen müssen beachtet werden.

> **Schutzimpfungen – Vorsorgefristen beachten!**
> *Vergessen Sie nicht, sich rechtzeitig über Schutzimpfungen und prophylaktische Maßnahmen zu informieren. Einige Impfungen werden z. B. in mehreren Folgen verabreicht bzw. brauchen Wochen, bis sie wirksam schützen. Informationen gibt es in guten Reiseführern, bei Tropeninstituten und beim Hausarzt.*

Technische Ausrüstung

Akkus und Elektrizität

Wer mit Akkus arbeitet, ob in Taschenlampe, Kamera oder Rasierapparat, kann diese in den meisten Camps an der Rezeption oder Bar aufladen lassen, falls im Zelt/Zimmer keine Steckdose vorhanden sein sollte. Generatorstrom gibt es aber nicht durchgängig, meist nur in den Morgen- und Abendstunden. Planen Sie Ihre **Akku-Ladezeiten** dementsprechend. Hilfreich ist auch ein zweiter Satz Akkus. Die **Stromspannung** beträgt 230 Volt.

Adapter mitnehmen!
„Strom und Steckdosen vorhanden" heißt noch lange nicht, dass der Stecker des Gerätes passen wird. In vielen ehemaligen britischen Kolonien finden sich auch heute noch Dreipolstecker/-steckdosen. Schukostecker passen da nur bedingt! Ein kleiner Steckdosenadapter sollte daher nicht fehlen.

Sollte die Ausrüstung akku-abhängig sein, dann lassen Sie vorsichtshalber über Ihren Reiseveranstalter nachfragen, ob die geplante Unterkunft überhaupt Strom-Generatoren einsetzt. Es gibt auch Camps die hierauf völlig verzichten. Auch für Safari-Camper ist es wissenswert, dass viele Campingplätze (Restcamps) im südlichen Afrika über Steckdosen und Strom verfügen, was jedoch in Ostafrika äußerst selten der Fall ist.

Wecker

Die Mitnahme eines Weckers ist nicht erforderlich, wenn Sie im Rahmen einer organisierten Safari unterwegs sind. Ein Weckservice, meist in Verbindung mit einem „early morning tea", ist in nahezu allen Safari-Unterkünften Standard.

Navigationsgeräte

Wer nicht als Selbstfahrer reist, kann auf Navigationsgeräte verzichten. Höhenmesser, GPS und Kompass sind im Normalfall überflüssig. Safariwagen-Fahrer kennen sich in der Regel gut aus, in manchen Nationalparks würden diese den Weg auch blind finden.

Praktisches für unterwegs

Walkman/Discman

Wer auch im Safari-Urlaub nicht auf eigene Musik verzichten möchte, möge dies dezent tun. Ein Walkman/Discman ist ideal. Auf Tierbeobachtungsfahrt sind derartige Geräte allerdings nicht angebracht. Viele Safari-Guides sehen es nicht gern und würden Sie gegebenenfalls darum bitten, während eines Game-drive auf Musik zu verzichten.

Handy und E-Mail

Kommunikationsgeräte wie Handys und tragbare **Satellitentelefone** können natürlich eingesetzt werden. Das **Handy** von zu Hause lässt sich in einigen Wildschutzgebieten Afrikas benutzen, speziell im Umfeld von Lodges/Camps, die mit so genannten Booster-Antennen arbeiten.

Ansonsten bieten nicht alle Unterkünfte die Möglichkeit, nach Hause zu telefonieren oder gar zu mailen. Manche Camps sind sogar so von der Außenwelt abgeschnitten, dass sie mit dieser nur in **Funkkontakt** stehen.

Literaturtipp
*„Outdoor Praxis"
von Rainer Höh,
Reise Know-How
Verlag, Bielefeld*

Praktisches für unterwegs

Sonnenschutz

In den Tropen ist die Sonneneinstrahlung stärker als in Mitteleuropa. Ein guter Sonnenschutz ist daher dringend zu empfehlen, da jeder Sonnenbrand das Hautkrebsrisiko erhöht. Das gilt besonders für Wildschutzgebiete in über 1500 m Höhe, in denen die subjektive Wahrnehmung der starken Sonneneinstrahlung nicht so hoch ist. Die Höhenstrahlung ist jedoch beträchtlich.

Literaturtipp
*„Selbstdiagnose
und Behandlung
unterwegs"
von Dr. Dürfeld u.
Prof. Dr. Rickels,
Reise Know-How
Verlag, Bielefeld*

CHECKLISTE AUSRÜSTUNG

Checkliste Ausrüstung

Immer dabei:

- *Kleiner Tagesrucksack/Daypack*
- *Sonnenmilch*
- *Lippenstift mit Schutzfaktor*
- *Sonnenhut/Kappe*
- *Sonnenbrille*
- *Reservebrille, Ersatzlinsen*
- *Weste*
- *Halstuch, Kopftuch*
- *Persönliche Reiseapotheke*
- *Mineraltabletten*
- *Mückencreme /-spray*
- *Foto-/Filmausrüstung*
- *Fernglas*
- *Wasserflasche*
- *Taschenmesser*
- *Taschenlampe*
- *Reservebatterien und -akkus (auch für die Kamera)*
- *Adapterstecker*
- *Reiseliteratur, Landkarten*
- *Notizblock/Schreibgerät*
- *Bestimmungsbuch*

Folgende Gegenstände in Abhängigkeit von Jahreszeit und Region:

- *Regenjacke*
- *Schlafsack*
- *Kopftuch*
- *Moskitonetz*

Praktisches für unterwegs

Lange Sonneneinstrahlung kann neben schweren Hautverbrennungen auch zu Sonnenstich oder Hitzschlag durch Überwärmung führen. Durch Benutzen einer **Sonnencreme,** Tragen eines **Sonnenhuts,** Aufenthalt im Schatten und regelmäßiges Trinken kann man dem vorbeugen. Eine **Sonnenbrille mit UV-Schutz** schont die Augen und sollte nicht fehlen.

Wasserflasche

Eine eigene Wasserflasche mitzuführen ist auf organisierten Safaris nicht immer nötig. Das hängt von dem Safari-Unternehmen und der Safari-Gestaltung ab. Wenn Sie aber noch Platz im Gepäck haben, dann nehmen Sie ruhig einen Trinkwasserbehälter mit. Einsetzen kann man ihn immer.

Reiseliteratur, Landkarten

Neben dem schon fast obligatorischen **Reise-Handbuch** (ich empfehle natürlich die Afrika-Reiseführer und Sprachführer aus dem Reise Know-How Verlag, siehe Anhang) und evtl. einer Landkarte ist ein **Bestimmungsbuch für Flora und Fauna** eine informative Ergänzung zur Reiseliteratur. Empfehlungen dazu stehen im Anhang.

Tierbeobachtung und -fotografie

Tierbeobachtung und Tierfotografie

Einführung

Eine erfolgreiche Tierbeobachtung hängt von verschiedenen Faktoren ab und setzt einige Grundkenntnisse voraus.

Zoologen, die sich bei ihren Studien auf eine ganz bestimmte Tierart konzentrieren, würden ohne ein sehr hohes Maß an Geduld und Zeit nicht zu den erhofften Forschungsergebnissen gelangen. Stunden-, meist sogar tagelanges Ausharren an einem Standort, ohne dass sich bei der beobachteten Tierart neue Verhaltensweisen studieren lassen, kann ein anstrengendes Vergnügen sein.

Ähnliches gilt auch für Nationalpark-Safaris. Für eine Foto-Safari ist es daher ratsam, sich gezielt auf bestimmte Regionen zu konzentrieren. Besser, man hat einen Nationalpark weniger im Programm, als einen zu viel. Manche angebotenen Safaris gleichen nämlich einer Park-zu-Park-Rallye. Da bleibt oft wenig Zeit, einzelne Parks auf sich wirken zu lassen, sich mit der Gegend vertraut zu machen, um auch selbst ein Gespür für die Verhaltensweisen der Tiere zu entwickeln! Denn eine Safari sollte in erster Linie auch Urlaub sein und kein Wettbewerb um die größte Anzahl von besuchten Nationalparks und fotografierten Tieren.

Eine über einen Veranstalter organisierte Safari wird nur dann zu einer erfolgreichen Foto-Pirsch, wenn der Fahrer bzw. Safari-Guide sein Handwerk gut versteht. Seine Fähigkeit, möglichst nah an die begehrten Tiere heranzufahren (ohne sie zu stören) oder sich ihnen zu Fuß zu nähern, ohne dass diese panisch davon galoppieren oder gar angreifen (!) kann über einen sehr guten oder mittelmäßigen Ausgang einer Safari entscheiden. Schließlich wird es auch auf Ihre Kooperation ankommen, denn befinden Sie sich in einer laut daherschnatternden Gruppe, werden Sie stets nur das Hinterteil afrikanischer Tiere beobachten können.

Nicht alle afrikanischen Wildschutzgebiete sind gleich. Tierbestände können von Region zu Region variieren, von Jahreszeiten abhängig sein oder sind auf Grund eines spärlichen und/oder mangelhaften Wegenetzes schlechter zu beobachten als anderswo (siehe „Welche Safari-Region wann?" ab Seite 101).

Auch in punkto Sicherheit sind einige Regeln zu befolgen, um mögliche Gefahren bei der Tierbeobachtung zu minimieren – für Sie selbst, aber auch für die Tiere.

Voraussetzungen für eine gute Tierbeobachtung

Das Fernglas

Wer auf ein Fernglas verzichtet, erlebt nur die halbe Safari. Es sei denn, Sie sind passionierter Tier-Fotograf und besitzen große Teleobjektive.

Das Fernglas ist die Grundvoraussetzung für eine gute Tierbeobachtung. Auf einer Safari werden Sie nicht an alle Tiere derart nah herankommen, um das sprichwörtliche „Weiße in den Augen" erkennen zu können. Mal halten die Tiere sicheren Abstand, sobald sich die Menschen Ihnen nähern, mal dürfen Sie mit dem Fahrzeug nicht vom Weg ab und querfeldein fahren. In solchen (und vielen anderen) Situationen leistet ein Fernglas wirklich wertvolle Dienste!

Zudem können Sie mit Hilfe eines Fernglases auch viel besser erkennen, ob das, was mit dem bloßen Auge wie ein grauer Fels aussieht, in Wirklichkeit nicht ein Nashorn ist! Mit einem Fernglas erspähen Sie in der Regel viel mehr Tierarten als ohne.

Je nach Bauart und Geldbeutel gibt es die verschiedensten Modelle. Wichtig ist neben einer guten **Optik** (Finger weg von billigen Fernost-Produkten, Ihre Augen werden es Ihnen danken!) der **Vergrößerungsfaktor.** Für Safaris in Afrika sollte dieser Faktor mindestens „x 30" betragen.

Das Wildgebiet oder der Nationalpark

Steht das Beobachten von Tieren aus nächster Entfernung im Mittelpunkt Ihrer Safari, dann suchen Sie sich genau die Nationalparks aus, bei denen Sie sicher sein können, Zeuge einer möglichst großen und artenreichen Tierwelt zu werden.

Folgende Parks bieten sich dafür beispielsweise an: Masai Mara (Kenia), Ngorongoro (Tansania), Chobe (Botswana), Etosha (Namibia), Kruger (Südafrika) u. a. Dafür sind allerdings weniger Authentizität und Unberührtheit und zum Teil höhere Besucherzahlen in Kauf zu nehmen.

Voraussetzungen

Die Jahreszeit/Saison

Von der richtigen Jahreszeit kann sehr viel abhängen, besonders in Gebieten Afrikas, in denen es sehr ausgeprägte Trocken- und Regenmonate gibt. Die Auswirkungen auf die Natur sind beträchtlich. Ein und dieselbe Region kann sich entweder als staubige, nahrungsarme Halbwüste präsentieren oder ist direkt nach der Regensaison eine Oase für Pflanzen- und Fleischfresser (mehr hierzu ab S. 101).

Die richtige Tageszeit

Die afrikanische Hitze kann allen zu schaffen machen, selbst der Tierwelt. Tierbeobachtungsfahrten, Fuß- und Reit-Safaris sollten sich auf die frühen Morgen- und späten Nachmittagsstunden beschränken. Die Tiere suchen sich während den **Mittagsstunden** schattige Plätze

▶ Bitte nicht stören ...

Mittagsruhe im Busch!
Während der Mittagsstunden sind alle Tierpfade hochgeklappt und Aktivitäten auf den späten Nachmittag verlegt. Zwischen etwa 10 und 15 Uhr ist es in den meisten Wildgebieten Afrikas heiß, oftmals auch windstill. Viele Tiere ziehen sich an schattige und ruhige Plätze zurück. Man kann es ihnen getrost gleich tun und sich ebenfalls der Siesta in der Lodge oder dem Camp widmen. Auch für Fotografen bereiten die Mittagsstunden wenig Freude. Die Sonne steht hoch, das Licht ist „hart" und die Tiere stehen/liegen meist im Schatten. Die Lichtverhältnisse sind daher nicht gut.

und sind so inaktiv wie möglich. In vegetationsreichen Gebieten sind Tiere oftmals so gut getarnt, dass man während einer Mittagspirsch ohnehin nicht viel sehen würde.

Richtig Bewegung herrscht nur, wenn in der **Morgendämmerung** die letzten nachtaktiven Tiere (Hyänen, Flusspferde, Bushbabies usw.) ihre Ruhestätte für den Tag aufsuchen und die tagaktiven Tiere sich von ihren Schlafstellen erheben und sich zum Wassertrinken, Grasen oder zum Jagen aufmachen. Ähnliches gilt für den **späten Nachmittag.** Die Siesta gut verbracht, macht sich Hunger und Durst breit. Löwen und Geparden werden aktiv, Antilopen suchen durstig nach Wasserstellen.

Der richtige Beoachtungsplatz

Die besten Tierbeobachtungsplätze sind Orte, an denen sich Tiere gern aufhalten, sei es zur Nahrungssuche, zum Abkühlen oder weil der Ort eine gewisse Sicherheit bietet. Wer sich mit dem Ökosystem eines Nationalparks beschäftigt und sich über Nahrungsgewohnheiten von Tieren informiert, wird schon bald selbst einen gewissen Instinkt für Stellen entwickeln, die eine gute Tierbeobachtung versprechen.

In den meisten Wildschutzgebieten sind, insbesondere während der Trockenmonate, **Wasserlöcher und Flussläufe** Gebiete mit dichtem Wildbestand. Auch **Lichtungen und Hügelkuppen** bieten gute Chancen zur Tierbeobachtung.

Wenn Sie in einem tierreichen Gebiet stehen bleiben, achten Sie

Wasserlöcher
… gehören zu den wichtigsten und häufigsten Tierbeobachtungsplätzen in Afrika. In nahezu allen Wildschutzgebieten sind sowohl natürliche als auch künstliche Wasserstellen vorzufinden. Es gibt sogar Parks, in denen sich nahezu alles im Bereich der „waterholes" abspielt (z. B. Etosha/Namibia). Oft liegen auch Lodges und Camps direkt an einer solchen Lebensquelle für die afrikanische Tierwelt. Vom Zimmer oder der Terrasse aus und selbst bei Nacht mit Flutlichtern lässt sich dann auf ganz bequeme Art und Weise das Geschehen am Wasserloch beobachten. Speziell in Kenia und im südlichen Afrika bieten viele Unterkünfte ein solches Erlebnis.

Voraussetzungen

darauf, dass Ihr **Safari-Auto** keine natürlichen Pfade blockiert oder den Zugang zum Wasser abschneidet. Versperren Sie Antilopen oder anderem von Raubkatzen gern gejagtem Wild nicht die Sicht. Löwen hätten dann leichtes Spiel. Positionieren Sie sich also so, dass Ihr Wagen keinen Einfluss auf die Tierwelt hat. Lieber in der 3. Reihe stehen als ganz vorne, wo Sie womöglich auch anderen Safari-Fahrzeugen die Sicht versperren. Safariwagen-Fahrer in Afrika sind nicht immer ganz so rücksichtsvoll. Teilen Sie ruhig Ihre Bedenken mit, wenn Sie der Ansicht sind, dass Ihre Präsenz zu sehr in Naturbelange eingreift.

Fähigkeit des Drivers/Safari-Guides

Wer mehrere Tage im Rahmen einer organisierten Safari unterwegs ist, wird an einen Fahrer (Driver) bzw. Führer (Safari-Guide) gebunden sein. Ihr Begleiter ist der Schlüssel für eine gute Safari. Er wird sein Bestes versuchen, Ihnen die Safari so angenehm und vielseitig wie möglich zu machen. Er kennt sich in der Regel in den zu besuchenden Gebieten gut aus und steht auch oft in Kommunikation mit anderen Fahrern. Dabei werden die neuesten Informationen über die Aufenthaltsorte von Tieren ausgetauscht. Er weiß, welche Pisten zu befahren sind und welche nicht. Er hat oft ein geschultes oder angelesenes Wissen über Flora und Fauna. Seine Einschätzung über die beste Anpirschgeschwindigkeit/-richtung und Positionierung des Autos kann entscheidend sein.

Die Qualifikation eines Fahrers/Safari-Guides und dessen Fähigkeiten steigt mit der Exklusivität Ihres Afrika-Urlaubes. Renommierte und teure Safari-Veranstalter beschäftigen meist auch hochqualifizierte Safari-Guides. Für sehr wissbegierige Menschen sicherlich ideal, denn in der Regel können professionell ausgebildete Safari-Guides mehr Fragen beantworten als ein ehemaliger Taxi-Fahrer in einem Mini-Bus, gefüllt mit neun anspruchslosen Pauschalurlaubern auf eintägigem Safari-Ausflug.

Geduld und Zeit

Nicht unbedingt die stärkste mitteleuropäische Tugend, doch im Busch – so heißt es – „ticken die Uhren anders". Bei einer Pirschfahrt oder einer Fuß-Safari kann sich sehr viel binnen Minuten ereignen, es

VORAUSSETZUNGEN

▲ *So einen prächtigen Elefanten bekommt man nicht jeden Tag zu sehen!*

können aber auch manchmal Stunden ohne bedeutende Ereignisse vergehen. Das liegt dann weniger an der Qualität des Nationalparks, denn viel hängt von unserem Erwartungshorizont ab. Nicht immer laufen alle Tiere so durch die Savanne, wie man es aus diversen Dokumentarfilmen vielleicht kennt.

Manchmal sind es einfach die großartigen Landschaften Afrikas, welche die Schönheit einer Safari ausmachen. Blickt man nicht auf die Zeit und lässt man die Uhr (auch die innere) im Zelt, werden sich die Dinge von ganz alleine ereignen. Meistens genau dann, wenn sie am wenigsten erwartet werden. Aber – nicht jeden Tag bekommt man Löwen oder Elefanten zu Gesicht, die ↗ „big five" müssen sich erst erarbeitet werden!

Die „big five" Afrikas

Als ein Safari-Höhepunkt gilt es, die „big five" in freier Wildbahn zu sehen. Zu diesen, so hat man sich in der Safari-Szene geeinigt, gehören der Löwe, der Leopard, der Büffel, der Elefant und eine der beiden Nashornarten. Wer auf einer Pirschfahrt alle zu sehen bekommt, hat sozusagen volle Punktzahl erreicht. In einigen Gebieten wird noch auf „big seven" (plus Gepard und Giraffe) und in Südafrika sogar auf „big nine" (Breit- und Spitzmaulnashorn sowie Wildhunde) erweitert.

Fotografieren auf Safari

**Verhaltensregeln
bei der Tierbeobachtung**

Wie erfolgreich eine Tierbeobachtung ausfällt, hängt auch vom persönlichen Verhalten ab. Gewisse Grundregeln sind zu beachten (siehe „Parkregeln" auf Seite 24). Sich an ein Tier/eine Herde mit dem Fahrzeug heranzupirschen setzt Folgendes voraus:

- Ruhiges Verhalten, keine Musik!
- Keine wild gestikulierenden Armbewegungen!!
- Kleidung ohne grelle/leuchtende Farben!
- Nicht „mit dem Wind" stehen!
- Keine Zurufe und Lautsignale von sich geben!
- Den Tieren nichts entgegenwerfen!
- Respektvollen Abstand halten!
- Keine Pfade blockieren – Tiere haben Vorfahrt!
- Motor abstellen!
- Geduld und Nachsicht

Eine große Portion Glück

Zu einer erfolgreichen Tierbeobachtung gehört natürlich auch eine gute Portion Glück. Wie oft mag ich schon auf meinen Safaris an interessanten Tieren vorbeigefahren sein, ohne diese zu bemerken. In Parks mit hohem Savannengras bleibt dies nicht aus. Oft verpasst man vielleicht gerade die Geburt eines Gnu-Fohlens oder eine spannende Jagdszene um ein paar Minuten oder man verlässt nach gut einer Stunde Aufenthalt die dösenden Löwen, um am Abend von einer anderen Safari-Gruppe zu erfahren, dass zehn Minuten später das Rudel aktiv wurde und einem Zebra erfolgreich nachstellte.

Manchmal, so scheint es, gibt es aber auch Menschen, die vom Pech verfolgt sind und tagelang nicht viel sehen, während andere wiederum alles erdenkliche an einem einzigen Tag zu Gesicht bekommen.

Fotografieren auf Safari

Allgemeines

Sollten Sie kein professioneller Tierfotograf sein, dann erwarten Sie nicht zu viel von Ihren Bildern, denn von allen Bereichen der Fotografie zählt die Tierfotografie in freier Wildbahn zu den kostspieligsten und oftmals zeitintensivsten. Hinzu kommt, dass unser Bild meist vor-

Fotografieren auf Safari

geprägt ist: Den durch die Savanne einer Gazelle hinterher rasenden Gepard im Moment des entscheidenden Schlages auf Film festzuhalten ist fast so wie ein Sechser im Lotto. Solche Bilder entstehen mit enormen Aufwand, wie z. B. bei sehr teuren Naturdokumentationen, bei denen sich Fotografen und Filmemacher monate- und sogar jahrelang (!) in einem Gebiet aufhalten, um Tiere derart vor die Linse zu bekommen. Auf einer geführten Safari bzw. in einem Safariwagen unterwegs wird es nicht immer möglich sein, stundenlang an einem Fleck auszuharren, um auf eine solche Jagdszene zu warten.

Literaturtipp
„Reisefotografie" von Helmut Hermann, Reise Know-How Verlag, Bielefeld

Analoge oder digitale Fotografie?

Hier gehen die Geschmäcker auseinander. Die Frage, ob die Safari mit einer Spiegelreflex- oder einer der immer beliebter werdenden Digitalkameras im Bild festgehalten werden soll, muss jeder für sich beantworten. Beide Systeme sind für eine Safari in Afrika tauglich, auch wenn ein Mehr an Elektronik größere Anfälligkeit bei Feuchtigkeit und Staub bedeuten kann. Auch im digitalen Bereich gibt es Kameras mit großen Brennweiten, also ausreichenden Tele-Zooms.

Pocket- oder Spiegelreflexkamera?

Bei den **Kleinbildkameras im Pocket Format** (Kompaktkamera) hat sich viel getan, nicht nur im Preis-Leistungs-Verhältnis, auch in der optischen Qualität. Auf Grund des Gewichts, der Größe und der einfachen Bedienung sind sie für Leute gedacht, die mehr Wert auf Erinnerungsfotos und Schnappschüsse legen. Doch auch Pocket-Kameras besitzen mittlerweile recht gute Zoom-Teleobjektive bis zu 135 mm Brennweite und mehr. Das ist oftmals ausreichend, wenn man in Nationalparks unterwegs ist,

Literaturtipp
„Reisefotografie digital" von Volker Heinrich, Reise Know-How Verlag, Bielefeld

Fotografieren auf Safari

in denen wegen der hohen Besucherzahl die Wildtiere weniger scheu sind und man sich ihnen mit dem Fahrzeug gut nähern kann. Ein Manko bleibt jedoch: Konstruktionsbedingt sind die Objektive nicht sehr lichtstark und erfordern meist die Verwendung von höherempfindlichen Filmen, also 200 bzw. 400 ASA. Das hat dann leider wieder Auswirkung auf die Schärfe der Bilder, da solche Filme grobkörniger sind.

Spiegelreflexkameras bieten je nach Preisniveau mehr Möglichkeiten und sind in der Regel robuster. Ob manuelle oder elektronische Fokussierung ist Geschmackssache. Manuelle Kameras, besonders der älteren Generation, sind kaum kleinzukriegen und oftmals mit nur wenig Elektronik ausgestattet. Man ist jedoch langsamer als die Mitreisenden, die mit schnellen Autofocus-Geräten und mehreren Bildern pro Sekunde die Löwenjagd bereits im Kasten haben, während man selbst noch beim ersten Aufziehen ist, um den Film ein Bild weiter zu transportieren.

> **Stativersatz**
> Auf einer Safari – im Jeep, Boot oder zu Fuß – werden Sie oftmals nicht die Zeit oder den Platz haben, schnell ein Stativ aufzubauen. Im Jeep gibt es immer die Möglichkeit, das Tele im heruntergekurbelten Fenster oder auf der Armstütze aufzulegen. Als Unterlage (also Stativersatz) empfiehlt sich ein kleines Kissen (etwa DIN A5 groß), gefüllt mit Sand.

Aber: Es ein Trugschluss zu glauben, gute Tieraufnahmen sind nur mit einer modernen, vollautomatischen Profikamera möglich. Solange die Kamera eine ausgewogene und gute Belichtungsmessung besitzt, sollte mehr Wert auf gute Optik (Objektive) und guten Film gelegt werden.

Wie groß muss das Tele sein?

Die Allround-Lösung sind **Tele-Zooms,** also Objektive, die stufenlos mehrere Brennweiten von einem kleinen bis zu einem größeren Tele abdecken. Damit sind Sie für alle Situationen gewappnet. Sie können einerseits den Elefantenkopf formatfüllend ablichten oder mit einem Dreh den Ausschnitt verändern und die gesamte Herde festhalten. Die Hersteller Sigma und Tamron bieten jeweils ein 28–200 oder ein 28–300 mm **Universalzoom** zu guten Preisen an, was für die meisten

Fotografieren auf Safari

▲ *Manchmal kann das Teleobjektiv gar nicht groß genug sein. Auch wenn der Löwe satt und friedlich aussieht – wer würde dieses Bild schon freiwillig aus nächster Nähe machen?*

FOTOGRAFIEREN AUF SAFARI

Nationalparks Afrikas ausreichend ist. Die optische Leistung ist beachtenswert, die Lichtstärke reicht bei den oft guten Lichtverhältnissen im tropischen Afrika aus und Sie meiden auch das lästige Objektivwechseln. Hinzu kommt, dass man vielleicht an einer Fuß-Safari oder einer Kanu-Tour teilnimmt, wo eine größere Kameraausrüstung mit mehreren Objektiven durchaus lästig sein kann.

Größere Brennweiten sind vor allem für Ornithologen wichtig. Um Vögel zu fotografieren, bedarf es Brennweiten von 500 mm und mehr. Doch um die fast nie stillsitzenden Tiere unverwackelt ablichten zu können, ist ein Stativ nötig und das Tele sollte sehr lichtstark sein, was jedoch äußerst teuer werden kann. Die Alternative ist ein „schneller" bzw. ein höherempfindlicher Film, wie etwa 400 ASA.

Interessant und in der Praxis bewährt sind die **verwacklungsreduzierenden Objektive** von Canon und Nikon: Telezooms von 80–400 bzw. 100–400 mm, die mit einem Motor versehen sind, der die unfreiwillige Verwacklung reduziert. Diese Objektive sind bei Pirschfahrten, Bootstouren und Fuß-Safaris vorteilhaft, wo ein Stativ schwierig zu handhaben ist.

Für Auto-Safaris gibt es spezielle **Fenster-Stative,** die schraubzwingenartig in der heruntergekurbelten Fensteröffnung angebracht werden. Doch dann ist es wichtig, den Motor des Fahrzeuges wegen der Vibrationen abzuschalten.

▶ *Um verwacklungsfreie Fotos zu schießen, wird bei Stopps oft der Motor ausgestellt*

Fotografieren auf Safari

Filter

Filter sollten in jedem Fall verwendet werden, allein schon zum Objektivschutz. Zu empfehlen sind **UV- oder** (besser) **Skylight-Filter.** Wer während der Mittagszeit unterwegs ist, kann für kontrastreichere Fotos einen **Polarisationsfilter** verwenden, der sich auch gut eignet, um den Himmel in einem kräftigen blau wiederzugeben und Wolken wie Wattebäusche aussehen zu lassen.

Blitzlicht

In der Tierfotografie werden durchaus auch Blitzlichtgeräte eingesetzt, speziell im näheren Telebereich. Man spricht dann von einem Aufhellblitz, mit dem das begehrte Objekt erhellt wird. Dies wird beispielsweise gern beim Fotografieren von Vögeln und kleineren Tierarten eingesetzt, da diese sich oft an schattigen, kontrastarmen Plätzen aufhalten.

Auf Safari werden Blitzlichter jedoch nur bei Tageslicht verwendet, sozusagen als Restlichtlieferant. Der Blitz sollte nicht bei Dunkelheit eingesetzt werden. Viele Tiere können nachts bedeutend besser sehen als Menschen und grelles Blitzlicht kann zu Schäden an den empfindlichen Augen führen.

Filmmaterial

Ich empfehle Filme von Fuji, Kodak und Agfa. Bei Negativ-Filmen für Papierabzüge empfehle ich den Fuji Superia und den Kodak Royal, bei Diafilmen Kodak Elite und Fuji Sensia, letztere mit 100 ASA. Profis sind mit dem Provia 100 F von Fuji und dem Kodak Ektachome 100 VS gut bedient, die sich auch für Landschaftsaufnahmen eignen. Hervorragende Fotos sind auch mit dem Fuji Povia 400 F zu erzielen.

Der benötigte **Empfindlichkeitsgrad** des Filmmaterials hängt von der Safari-Destination und der Jahreszeit ab. Sollten Sie sich beispielsweise in vegetationsreichen Gebieten aufhalten, wie bei einer Gorilla-Safari in Uganda/Ruanda, dann sind bei normalen 100-ASA-Filmen lichtstarke Objektive wichtig oder Sie verwenden höherempfindliche Filme mit 400 ASA und aufwärts. Eine andere Möglichkeit ist das „Pushen", bei dem ein 100er Film z. B. als 400er belichtet wird.

Filmen auf Safari

Filme, Kassetten und Batterien

Gerade bei der Tierfotografie vertut man sich leicht. Anders als bei einem Strand-Urlaub verbraucht man auf Foto-Safaris viele Filme. Manche verfallen gar einem regelrechten Knips-Rausch. Schnell ist man am Ende seiner Vorräte angekommen und fragt sich: „Wo kriege ich hier im Busch Filme?" Dasselbe gilt für Batterien, denn wer viele Filme verbraucht, wird auch bald seine Energiequelle erschöpft haben.

Das hat sich im Safari-Geschäft natürlich herumgesprochen und so halten sehr viele Unterkünfte in entlegenen Wildschutzgebieten, weit weg vom nächsten Fotoladen, Vorräte zum Verkauf an Gäste bereit. **Standard-Negativfilme** sind nahezu überall erhältlich, bei **Diafilmen** kann es schon schwieriger werden. Wenn Sie sich nicht sicher sind, ob Sie mit Ihren Filmen hinkommen, lassen Sie über Ihren Safari-Veranstalter nachfragen, ob sich im Notfall Filme im gebuchten Camp kaufen lassen. Wer nur mit Profifilmen arbeitet, sollte einen großzügigen Vorrat mitnehmen, denn derartiges Filmmaterial wird man vor Ort kaum bekommen. Das gleiche betrifft **Filmkassetten** für Videokameras. **Standard-Batterien,** wie die Größen AA, sind vielerorts zu bekommen. Spezielle **Kamera-Batterien** sind vorsichtshalber als Ersatz mitzuführen.

Bei allem muss man aber in Kauf nehmen, dass das benötigte Material deutlich teurer ist als zu Hause und manchmal sogar der doppelte Preis zu zahlen ist.

Filmen auf Safari

Für ambitionierte Filmer gelten ähnliche Voraussetzungen wie für Freunde der Fotografie. Grundsätzlich sollten Videokameras, welcher Art auch immer, eine **Anti-Wackel-Funktion** besitzen. Sie eignen sich besonders gut bei Jagdsequenzen, wenn Löwen oder Geparden in peitschender Geschwindigkeit ihrer Beute hinterherrasen.

Ein guter **Telebereich** ist in jedem Fall wichtig und bei den meisten modernen digitalen Videokameras mittlerweile auch Standard. Achten Sie aber darauf, dass die Vergößerung durch die Optik erzielt und nicht ausschließlich „digital berechnet" wird, was letztendlich zu einer schlechteren Bildqualität führt.

Tipps zum Fotografieren u. Filmen

Tipps zum Fotografieren und Filmen

Die optimalen Fotografier- bzw. Filmverhältnisse auf einer Safari stehen in engem Zusammenhang mit den vorn erwähnten Voraussetzungen für erfolgreiche Tierbeobachtungen. Darüber hinaus im Folgenden noch ein paar Praxis-Tipps für eine möglichst gute Ausbeute an Bildern.

Ort und Zeit der Safari

Ist Tierfotografie/Filmen das wichtigste Element Ihrer Safari, dann suchen Sie sich auch genau die Nationalparks aus, bei denen Sie sicher sein können, eine möglichst große und artenreiche Tierwelt vor die Linse zu bekommen (s. „Welche Safari-Region wann?" ab S. 101).

Tipps zum Fotografieren u. Filmen

Erfahrene Fotografen bevorzugen

... oft die kleinen Regenzeiten, die Zeit kurz nach den großen Regen und das Ende der Trockenzeit, wenn die ersten Regen wieder einsetzen. Dann gibt es stimmige Wolkenbilder mit dramatischen Lichtverhältnissen, die Luft wird klarer, die Vegetation bunter und kontrastreicher. In der Trockenzeit kann der Himmel manchmal tagelang von dicken Wolken verhangen sein, ohne dass es regnet – eine gute Zeit, möglichst nahe an Tiere heranzukommen, doch fehlt oft die dramatische Natur- und Himmelkulisse.

Kommunikation mit dem Fahrer

Bei einer organisierten Tour sollten Sie mit dem Fahrer vorab Ihre Interessen besprechen. In der Regel sind Safariwagen-Fahrer geschult oder haben schon Erfahrung mit anderen Fotografen gesammelt. Das heißt jedoch nicht, dass ein Fahrer seine Arbeit immer zu Ihrer größten Zufriedenheit erledigen wird. Fragen Sie daher nicht nur, ob schon Erfahrung vorhanden ist. Gehen Sie Ihre Wünsche mit ihm einmal durch, damit es auf Tour zu so wenig Missverständnissen wie möglich kommt. Ein Fahrer ist nun mal in erster Linie ein Safari-Guide und mit großer Wahrscheinlichkeit kein ambitionierter Fotograf wie Sie. Erwarten Sie daher kein „fotografisches Auge", wie Sie es vielleicht entwickelt haben. „Warum ist der denn nicht noch ein Stück vorgefahren, dann hätte ich den Sonnenuntergang mit Schirmakazie als Hintergrundmotiv zu meinem Elefanten-Foto gehabt?" Nun, teilen Sie es Ihrem Fahrer auf sachliche und verständnisvolle Weise mit. Denn Ihre Gedanken wird er – und die Mitreisenden übrigens auch – nicht lesen können. Bedenken Sie, ein gespanntes Verhältnis zwischen Safari-Kunden und Fahrer kann schnell eine ganze Reise vermiesen.

Mit dem Licht stehen

Wie bereits erwähnt, sollte man die kontrastlosen Mittagsstunden meiden. Pirscht man sich mit dem Wagen an ein Tier oder eine Herde heran, dann versucht man, sich zwischen Sonne und den begehrten Foto-Objekten zu positionieren. So hat man das Licht im Rücken und die Tierwelt Afrikas mit ihrer schönsten Seite vor der Linse – erleuchtet von warmen Sonnenstrahlen!

Tipps zum Fotografieren u. Filmen

Bewegungsrichtung der Tiere

Studieren Sie die Situation. Was auf den ersten Blick nicht sehr fotogen aussieht, kann sich je nach Bewegung der Tiere ändern. Giraffen, die am Rande eines Galeriewaldes genüsslich im Schatten Blätter zupfen, können im nächsten Augenblick in die offene Fläche treten, wo sie von der untergehenden Sonne plötzlich wie von einem Spot bühnenreif erleuchtet werden, der Horizont zeigt tolle Wolkenformationen, das Bild/die Filmsequenz wird zum Urlaubsgewinner!

Nehmen Sie sich daher immer einen Moment Zeit, wenn Sie Tiere erspäht haben. Wägen Sie ab (am besten mit dem ortskundigen Fahrer), ob sich die Tiere in absehbarer Zeit noch besser positionieren werden und für Sie ins Rampenlicht laufen. Behalten Sie dabei immer die Sonne im Auge!

Motor abschalten

Was in manchen Safari-Ländern sofort bei Erreichen einer Beobachtungsposition gemacht wird, muss in anderen Ländern nicht unbedingt gelten: Ausschalten des Motors. Das hat für Fotografen zwei Vorteile. Zum einen können Teleaufnahmen vibrationsfrei gemacht werden (die Kamera kann im Fenster ruhig aufgelegt werden), zum anderen reagieren die Tiere oftmals auf die plötzliche Motorstille. Nicht selten schauen sie dann fotogerecht in die Linse. Doch sollte man dann nicht zu lange warten mit dem Fotografieren/Filmen, denn das Interesse kann manchmal nur von kurzer Dauer sein. Seien Sie im Moment des Motorabstellens bereit für portraitgerechte Aufnahmen. Wer dann erst anfängt seine Kamera aus der staubgeschützten Tasche zu kramen, kann schnell das Nachsehen haben.

Sicherheitsbild

Zögern Sie nicht zu lange! Wenn Ihnen eine Situation als besonders wertvoll erscheint, Sie aber noch nicht richtig positioniert oder noch zu weit entfernt sind, lohnt es sich, zunächst eine Sicherheitsaufnahme zu machen, allein schon als Erinnerung. Mit dem so genannten Sicherheitsbild im Kasten können Sie dann versuchen, noch näher heranzufahren.

Tipps zum Fotografieren u. Filmen

Kamera immer bereit halten

Immer wieder aufs Neue erweist sich die weggepackte Kamera als Fehleinschätzung – passiert auch Profis. Vielleicht denkt man in Erwartung des Biers am Lagerfeuer: „Trostlose Gegend, hier wird man nicht mehr viel sehen." oder „Vor Sonnenuntergang wird die Wolkendecke eh nicht mehr aufreißen."

Tatsächlich können sich die Bedingungen in der afrikanischen Wildnis aber blitzschnell ändern. Im scheinbar tierlosen Gebiet taucht plötzlich – vom Baum herunterhuschend – ein Leopard auf, die Wolkendecke reißt auf und die letzten warmen Sonnenstrahlen erleuchten das gepunktete Fell im goldgelben Savannengras. „Die Kamera! Schnell. Da in der Tasche unter dem Buch. Mach schon hin! Mist! Weg ..." So oder ähnlich ereignen sich Situationen auf Safaris in Afrika tagtäglich. Halten Sie die Kamera also von Anfang bis Ende Ihrer Pirschfahrt bereit, man weiß eben nie!

Film/Batterie zu Ende!?

Auch das ist nichts Seltenes. Hat man sich an alle Empfehlungen gehalten und denkt, dass nichts mehr dem Zufall überlassen ist, dann geht einem garantiert der Film aus, ist die Kassette voll oder die Batterie plötzlich leer. Die Zeit, die man fürs Wechseln benötigt, ist kostbar, das begehrte Motiv kann weg sein. Regelmäßige Kontrolle ist angesagt, um nicht plötzlich „ohne Nachschub" dazustehen.

Bei einer Safari in Afrika werden Foto-Ausrüstungen mehr beansprucht als bei einem Ausflug in heimischen Gefilden.

Tipps zum Fotografieren u. Filmen

Die richtige Kameratasche

Am meisten leiden Kameras und Optik unter **Staub und Erschütterungen.** Überlegen Sie sich, was Ihnen die Ausrüstung wert ist und kaufen Sie den entsprechenden Schutz. Staub wird fast immer vorkommen und hat die Eigenschaft, bis in die letzten Fugen zu kriechen. Taschen mit einfachem Klappverschluss sind daher nicht zu empfehlen. Gut verarbeitete Reißverschlusssysteme mit überlappenden Abdeckungen eignen sich wesentlich besser. Besonders Kamerataschen von den Herstellern Lowepro und Tamrac erlauben den bedingungslosen Outdoor-Einsatz.

Die **Polsterung** der Taschen sollte großzügig und weich sein. Kaum eine Safari in Afrika, während der man nicht auf holprigen Pisten unterwegs sein wird. Eine gute Tasche wird vieles abfangen können.

Für die **Pflege und Reinigung** von Optik sind Pinsel mit Luftbalg und Mikrofasertücher nützlich.

Safari-Planung und Vorbereitung

Safari-Planung und Vorbereitung

Allgemeines

Zunächst gilt es zu überlegen, welche Form der Safari gewählt werden soll. Individuell reisen, von zu Hause oder vor Ort aussuchen und buchen, in einer Gruppe reisen, z. B. im Rahmen einer sachkundig geführten Studienreise oder als Selbstfahrer.

Danach folgt die Wahl der Region. In den ersten Kapiteln ist das Haupt-Safarigebiet Afrikas schon eingekreist worden (ab S. 14). In diesem Kapitel werden nun die einzelnen Regionen verglichen, die Besonderheiten hervorgehoben und die wichtigen Tierarten der jeweiligen Safari-Länder aufgelistet.

Gruppen- oder Individual-Reise?

Gruppenreise

In einer festen Gruppe zu reisen ist nicht unbedingt jedermanns Sache. Flexibilität und Kompromissbereitschaft sind Voraussetzung für die Reiseform. Das **Gemeinschaftsinteresse** geht vor Eigeninteresse! Wer jedoch einmal im Rahmen einer Gruppenreise unterwegs war, wird vielleicht die Tatsache einer Reiseleitung zu schätzen wissen. **Reiseleiter** sind oft geschulte Persönlichkeiten, die sich in der Region gut auskennen und für Sie die Brücke bilden, um Natur und Kultur Afrikas tiefer zu erleben. In vielen Fällen ist eine solche Reiseleitung deutschsprachig.

Gruppenreisen haben in Afrika oft den Vorteil, dass Safaris ganz individuell gestaltet werden können. Wo bei Einzelreisenden große Kosten entstehen würden, drücken gewisse Gruppengrößen die **Preise** nach unten – zum Vorteil für die einzelnen Teilnehmer. Wildschutzgebiete, die z. B. nicht regelmäßig angeflogen werden, lassen sich mit gecharterten Flugzeugen kostengünstig und nach Terminwunsch erreichen. Auch in Bezug auf spezielle, unregelmäßig stattfindende Safari-Aktivitäten hat das Gruppenreisen Vorteile. Safari-Erlebnisse, die eine gewisse **Mindestzahl an Teilnehmern** erfordern, sind im Rahmen einer Gruppe eher durchführbar.

Unterschiedliche **Standards** gibt es auch bei Gruppenreisen: Gruppen, die mit dem Motorflugzeug die jeweiligen Safari-Destinationen

Gruppen- oder Individual-Reise?

besuchen und in vornehmen Camps/Lodges übernachten, gehören zum gehobenen Preissegment. Bei Jugendlichen und Abenteurernaturen populär sind dagegen Safaris, bei denen man selbst mit anpacken muss (s. S. 39, „LKW, Truck").

Studienreisen

Die Studienreise unterscheidet sich von normalen Gruppenreisen durch ihren höheren Informationsgehalt und erlaubt oftmals mehr Nähe und Bezug zum Safariland, dessen Kultur und Geschichte. Veranstalter, deren Markenzeichen professionell geführte Studienreisen sind, arbeiten häufig mit Fach-Akademikern zusammen, deren Kompetenzen mit Namenstiteln wie Dipl., Dr., Prof. usw. ausdrücklich unterstrichen werden. Titel sollten aber bei Ihrer Reise-Entscheidung keine große Rolle spielen. Vor Ort aufgewachsene, mit dem Land tief verwurzelte Persönlichkeiten gelten genauso als Insider und sind oftmals die wahre „Studien-Quelle" – ohne hochgradigen Titel.

Wie auch immer, ein Reiseleiter sollte informativ sein und Antwort stehen können. Doch bei Gruppenreisen spielen auch menschliche Führungs- und Verständnisqualitäten eine Rolle und können über einen harmonischen Reiseverlauf entscheiden.

Individual-Reisen (organisiert)

Nicht immer heißt allein oder individuell Reisen, dass man vor Ort tatsächlich einen individuellen Entscheidungsspielraum hat bzw. für sich allein ist. Oft ist dies aus organisatorischen oder logistischen Gründen nicht möglich, es sei denn, Sie bestehen bei Ihrer Buchung auf Exklusivität. Das kostet in der Regel jedoch einen Aufpreis, der manchmal sehr hoch ist.

Individuell Reisen bedeutet zunächst, sich aus der Fülle der Angebote das Attraktivste auszusuchen bzw. einzelne **Bausteine** miteinander zu verbinden. Dabei kann nur ein Teil der Reise über einen Veranstalter gebucht werden, den Rest unternimmt man auf eigene Faust – was jedoch nicht immer bedeuten muss, dass man damit preiswerter fährt. Je nach Flexibilität des Veranstalters und dessen ausführendem Safari-Unternehmen vor Ort lassen sich viele Wünsche umsetzen und die Safari bekommt einen eigenen, persönlichen Charakter.

GRUPPEN- ODER INDIVIDUAL-REISE?

Wenn Sie darüber hinaus noch den Anspruch haben, allein, in Zweisamkeit oder zusammen mit der Familie **exklusiv zu reisen** und sich nicht mit vier anderen Safari-Urlaubern in einen Safari-Bus oder Landrover zwängen möchten, dann müssen Sie mit Mehrkosten rechnen. Ansonsten können Sie davon ausgehen, dass Sie im Safari-Camp mit anderen Gästen an einem gemeinsamen Tisch dinieren, sich mit ihnen Jeep, Boot und Guide teilen.

Camps/Lodges haben nur eine bestimmte Anzahl von Transportmitteln und Safari-Führern zur Verfügung. Speziell während der Hochsaison besteht oft keine andere Möglichkeit, als verschiedene Safari-Gäste in einem Fahrzeug zusammen zu setzen. Ein Umstand, der in der Regel kaum eine Qualitätseinbuße bedeutet, denn der Guide entscheidet am besten, wo die Pirsch im Park hingehen soll. Schwierig kann es nur dann werden, wenn es **Sprachprobleme** gibt oder aber völlig konträre Einstellungen aufeinander prallen: Das englische Ehepaar im gesetzten Alter möchte am liebsten jeweils eine halbe Stunde bei gesichteten Vögeln verbringen, die „laut schnatternde" Familie aus Palermo wird wegen des noch nicht gesichteten Löwen ungeduldig und der steife Norddeutsche möchte sich in aller Ruhe auf die

▼ *Der Autor im zarten Kindesalter auf seiner ersten Safari*

Gruppen- oder Individual-Reise?

Naturfotografie konzentrieren. Solche Konstellationen können durchaus vorkommen! Safari-Unternehmen und Camp-Betreiber haben Erfahrung mit den verschiedenen **Kulturkreisen ihrer Besucher** und versuchen meist, ihren Gästen solche oder ähnliche Erfahrungen zu ersparen. Wenn Ihnen die Buchung von zusätzlicher Exklusivität nicht nötig erscheint oder Ihren finanziellen Rahmen überschreitet, können Sie auch vor Ort Ihre Wünsche/Bedenken mit der Safari-Organisation absprechen – vielerorts wird Rücksicht auf persönliche Wünsche genommen. Natürlich nur, soweit dies organisatorisch möglich ist.

Die Vorteile der (teuren) Exklusivität liegen dagegen auf der Hand. Nur Sie oder Ihr Partner/Ihre Familienangehörigen entscheiden bei Pirschfahrten und können das Interesse und die Geschwindigkeit bestimmen. Es müssen keine Kompromisse eingegangen werden und möglicher Ärger bleibt einem erspart, sofern man gut mit seinem persönlichen Fahrer auskommt.

Mit Kindern auf Safari!?

Safari-Urlaub mit Kindern, speziell Kleinkindern, ist nicht überall üblich. In der Regel sind große Lodges (z. B. staatliche Hotels) auf Kinder eingestellt. Es gibt aber Camps und kleine, exklusive Lodges, die ein Mindestalter von etwa 14 Jahren vorgeben. Die Gründe sind vielschichtig: Manche Camps wollen auf Grund ihrer (nicht umzäunten) Lage inmitten eines wildreichen Gebietes oder aus Versicherungsgründen keine Verantwortung übernehmen. Andere Camps üben sich in viktorianischer Tee-Klatsch-Ekstase und wollen bei Preisen von 400 $ pro Nacht kein Rumgerenne und Gekreische von Kindern.

Dennoch, viele Veranstalter bieten Safaris auch für Familien an, als Campingtrips oder mit Übernachtungsmöglichkeiten, bei denen man auf Kinder eingestellt ist. In **Südafrika und Namibia** sind Familien-Safaris in den Schulferien ohnehin keine Seltenheit. Dort ist auch die Infrastruktur viel mehr auf Kinder eingestellt, besonders in Bezug auf die Sicherheitsvorkehrungen. Restcamps und Lodges sind teilweise eingezäunt, obwohl sie mitten in Wildschutzgebieten liegen.

Um Konflikte mit anderen Safari-Touristen zu vermeiden, ist eine **individuelle Buchung** ratsam, um vor Ort möglichst nur im Kreise der Familie auf Tierbeobachtungstouren zu gehen. Bei **Gruppenreisen** sollte vorher das Einverständnis der Mitreisenden gegeben sein.

Gruppen- oder Individual-Reise?

Den wahrscheinlich kompromisslosesten Weg, um mit Kindern auf Safari zu gehen, bietet die **Selbstfahrer-Variante.** Man muss wegen der Kinder und deren Extrawünsche auf niemanden Rücksicht nehmen und schaut sich gezielt die Tiere an, die auch von den Kleinen gewünscht werden. Auf diese Weise werden Kinder mehr involviert und können sich für das Fremde begeistern. Wird dann noch gezeltet, Holz für Lagerfeuer gesammelt und mit der Taschenlampe das Buschwerk abgeleuchtet, steht einer glücklichen Safari mit Kindern nichts mehr im Wege.

Alleine auf Safari?

Jede Safari in Afrika, jeder Aufenthalt in einem Park lässt sich auch allein gestalten, ist aber oftmals mit einem **Preisaufschlag** verbunden. In Lodges und Camps können Einzelzimmerzuschläge berechnet werden und bei Rundreisen sind die Kosten ebenfalls höher, wenn man allein im Wagen sitzt (s. weiter hinten „Gruppengröße").

Um einen **Mitreisenden** zu finden, ist eine Reisepartnervermittlung nicht unbedingt nötig. Wenden Sie sich an einschlägige Reiseveranstalter. Hier kann oft der Kontakt zwischen Einzelreisenden hergestellt werden.

Als Selbstfahrer

Als Selbstfahrer besitzt man natürlich wesentlich mehr Freiheit und Individualität als bei einer organisierten Tour. Das Abenteuergefühl wird durch einen selbst gesteuert, Verantwortung und Spürsinn wird nicht einfach abgegeben. Diese Erfahrung ist sicherlich viel persönlicher, kann aber genauso viele **Vorteile wie Nachteile** haben.

- Zunächst ist das **Fahrzeug** wichtig. Es sollte den gegebenen Erfordernissen entsprechen. Wo ein Geländewagen nötig wird, man aber aus Kostengründen nur einen Pkw mietet, leidet das Safari-Erlebnis. Abstecher von den Hauptwegen in tierreiche Gebiete sind dann auf Grund mangelhafter Geländegängigkeit nicht möglich. Als Selbstfahrer sollte man daher nicht beim Fahrzeug sparen, wenn man einen Park und dessen Tierwelt in vollen Zügen genießen möchte.

- Als Parkneuling passiert es oft, dass man gewisse **Tiere und Sehenswürdigkeiten** nicht zu Gesicht bekommt, auch wenn man mit guter Literatur und Karte ausgerüstet ist. Im Rahmen einer sachkundigen Tierbeobachtungsfahrt (Game Drive) über einen Veranstalter/eine Lodge mit einem Guide, der die Gewohnheiten der Tiere im Park kennt, ist oft mehr zu sehen!
- Als positiv zu bewerten ist sicherlich der **Entscheidungsfreiraum** in Bezug auf Interessen, Geschwindigkeit und Route. Man „erfährt" die Wildnis selbst!
- **Bei technischen Problemen** kann man schnell kostbare Urlaubszeit verlieren, sich mit Autovermietung oder Werkstätten herumärgern. Bei organisierten Safaris mit professionellen Veranstaltern oder im Rahmen von Lodge-/Camp-Aufenthalten wird bei technischen Pannen einfach ein anderes Fahrzeug eingesetzt – manchmal ohne, dass man es merkt!

> **Tipps für Selbstfahrer**
> *Weiterführende Informationen für Selbstfahrer, was Fahrzeuge und Ausrüstung betrifft, entnehmen Sie den Praxis-Handbüchern „Fernreisen auf eigene Faust", „Fernreisen mit dem eigenen Fahrzeug" und den jeweiligen Kapiteln über Mietwagen in den Afrika-Reiseführern von Reise Know-How (siehe Anhang).*

Östliches oder südliches Afrika?

Überblick

Große **Qualitätsunterschiede,** was landschaftliche Attraktivität und Tierreichtum betrifft, gibt es zwischen dem östlichen und südlichen Afrika nicht. Beide Regionen bieten artenreiche Nationalparks mit größtenteils sehr guter Infrastruktur.

Die **Unterschiede sind geografischer Natur:** Landschaft und Klima zeigen Variationen, was wiederum regionale Unterschiede in der Tier- und Pflanzenwelt bewirkt.

Unterschiede im Preis-Leistungs-Verhältnis bestehen zum Teil. Die allgemeine Infrastruktur ist im südlichen Afrika vereinzelt besser als in Ostafrika. Dafür ist dort das **Safari-Erlebnis** oftmals authentischer und weniger restriktiv, sozusagen „afrikanischer", weil die Safa-

Östliches oder südliches Afrika?

ri-Guides meist Einheimische sind, während im südlichen Afrika, speziell in den Ländern Südafrika, Simbabwe und Namibia, vielerorts (noch) weiße Guides die Führung der Safari übernehmen – ein Überbleibsel der Apartheid. Auch der Kontakt zu afrikanischen Völkern ist in Ostafrika mancherorts authentischer und direkter.

Stil und Service

In der Safari-Szene steht Ostafrika für das Ursprüngliche, den Anfang der Safari. Dort hat sich der Stil der großen Safari-Zelte entwickelt. In der Szene als die **„east african tents"** oder **„canvas style"** betitelt, benannt nach dem unverwechselbaren dunkelgrünen Leinen-Stoff. Doch die großen **Safari-Zeltcamps** sind mittlerweile genauso im südlichen Afrika verbreitet, zumindest da, wo es das Klima zulässt. In kühleren Regionen werden den Zelten oft aus Naturstein gemauerte Bungalows vorgezogen.

Eine Zeit lang pflegte das südliche Afrika einen kleinen Vorsprung in Bezug auf Service-Leistung, doch scheint sich zu Beginn des 21. Jahrhunderts ein Gleichgewicht eingependelt zu haben. In den letzten Jahren sind in Ostafrika **stilvolle Unterkünfte** entstanden, haben sich professionelle Safari-Unternehmen entwickelt, die sich mit den Produkten des südlichen Afrika messen lassen können.

▼ *Auch Zeltunterkünfte können luxuriös sein ...*

Östliches oder südliches Afrika?

Kosten

Während sich die Safari-Veranstaltungspreise von Region zu Region nur leicht unterscheiden, sind die Kosten für den Besuch von Wildschutzgebieten unterschiedlich. Die preiswertesten Eintrittsgebühren für Nationalparks sind in Südafrika, Namibia und Simbabwe zu entrichten. Hier zahlt man z. T. nur einen Bruchteil des Betrages, wie man ihn in der Serengeti zu entrichten hätte.

Gestaltungsmöglichkeiten

Auch bei der Safari-Gestaltung selbst beginnen sich die Konzepte mehr und mehr zu ähneln. Ob **Fuß-, Reit-, Mountainbike- oder Ballon-Safari,** jede Variation ist im südlichen wie im östlichen Afrika möglich. Weiterhin eine Domäne des Südens sind dagegen ausgedehnte **Kanu-Safaris** und die Tatsache, dass man in fast allen Parks in offenen Geländewagen unterwegs ist.

In Ostafrika werden dagegen hauptsächlich geschlossene Fahrzeuge eingesetzt (s. „Safari-Gestaltung" ab S. 35.)

Klimatische Unterschiede

Temperaturen

Während Ostafrika gänzlich einem Tageszeitenklima unterliegt, ist das südliche Afrika vom Übergang eines Tageszeitenklima zu einem Jahreszeitenklima (entlang der Südspitze Afrikas) geprägt – letzteres ist auch charakteristisch für Europa.

Das **Tageszeitenklima** in Afrika steht für relativ gleich bleibende Temperaturen über das Jahr hindurch. Größere Temperaturschwankungen gibt es jedoch zwischen Tag und Nacht. Besonders im östlichen Afrika, wo im Hochland auf über 1500 Metern Höhe die Abende und Nächte kühl werden (z. B. Serengeti, Masai Mara, Nakuru, Ngorongoro) und im innerkontinentalen Bereich des südlichen Afrika (z. B. Hwange, Chobe, Okavango, Etosha).

Speziell während der Haupt-Safarisaison Juni/Juli bis September/Oktober sind die **Temperaturunterschiede zwischen Tag und Nacht** sehr hoch. Sie variieren in der Regel zwischen 25 °C und dem Gefrierpunkt.

ÖSTLICHES ODER SÜDLICHES AFRIKA?

Nationalparks, in denen es während der Nacht drückend warm sein kann, beschränken sich im Wesentlichen auf das Küstenvorland von Kenia bis Mosambik. Hier wären zu nennen: das Selous Game Reserves in Tansania, die Nationalparks Gorongosa (Mosambik), Gonarezhou (Simbabwe) und Kruger (Südafrika). Dort können die Monate November bis Januar tropisch schwül sein.

Trocken- und Regenzeiten

Neben den Temperaturen wird das Klima in Afrika von Trocken- und Regenzeiten bestimmt. Das heißt, es gibt Wochen oder Monate, in denen es, teilweise sehr intensiv, nahezu täglich regnet und Monate, die sich sehr regenarm präsentieren bzw. in denen sogar kein einziger Tropfen Wasser vom Himmel fällt.

> **Was hat das Wetter mit der Safari in Afrika zu tun?**
> *Die Regen- und Trockenzeiten bestimmen den Rhythmus in der Pflanzen- und Tierwelt zwischen Gedeihen und Eingehen, zwischen Zu- und Abwanderung. Kippt das empfindliche Klimasystem, fällt Regen aus und kommt es zu Trockenperioden. Dann herrscht ein zäher Existenzkampf um Leben und Tod. Das ökologische Gleichgewicht von Angebot und Nachfrage in der Ernährungskette der Tierwelt reagiert sehr sensibel auf klimatische Veränderungen. Wasser bedeutet nicht nur Leben, vielmehr steht es für große Tierpopulationen und Artenreichtum der Flora und Fauna – die besten Voraussetzungen für eine großartige, tierreiche Safari in Afrika!*

Wie bei den Temperaturen gibt es auch beim Niederschlag Unterschiede zwischen Ost- und Südafrika. Die Regenzeiten herrschen nicht überall gleichzeitig, können unterschiedlich lang sein und mancherorts gibt es zwei anstatt nur eine regenreiche Periode im Jahr.

Ostafrika ist im Wesentlichen von zwei **Regenzeiten** geprägt, speziell Kenia und der Norden Tansanias. Im Süden herrscht im Allgemeinen eine Regenzeit, die je nach Lage des Wildschutzgebietes reichlich oder nur wenig Niederschlag bringt.

Die **Trockenzeiten** sind im Süden (speziell Nordwest-Südafrika, Namibia und Botswana) zudem länger. Hier besitzen Wildschutzgebiete wie der Kalahari Transfrontier oder Khutse ein ausgeprägtes Halbwüsten-Klima mit spärlicher Tierwelt.

Welche Safari-Region wann?

In der Realität ist das Klimasystem im östlichen und südlichen Afrika jedoch weitaus komplexer! Die Entfernung zum Indischen Ozean, innerkontinentale, makroklimatische wie auch topografische Faktoren haben Einfluss auf das Wetter in den Safari-Regionen des Kontinents.

Landschaftliche Unterschiede

Ostafrika ist geprägt von den **höchsten Bergen** des Kontinents (Kilimandscharo, Mt. Kenia, Ruwenzori, Meru, Elgon usw.) und dem **Ostafrikanischen Grabenbruch** (auch als Rift Valley bekannt), der sich durch Kenia und Tansania zieht und die überaus beindruckende Naturkulisse zahlreicher Parks bildet. Hinzu kommen eine Reihe von **Seen** mit üppiger Flora und Fauna, angrenzend an Savannen und eingebettet zwischen Vulkanbergen, Hochland und Regenwald. Eine Vielfalt, die ihresgleichen sucht – auf der ganzen Welt! Hier markiert der wildreiche **Ngorongoro-Krater** in Tansania den landschaftlichen Höhepunkt.

Im südlichen Afrika sind die landschaftlichen Gegensätze nicht ganz so extrem. Große Berge fehlen, dafür sind hier **Fluss- und Seenlandschaften** (Sambesi, Chobe, Kariba usw.) herrliche Attraktionen in Nationalparks und bieten beste Voraussetzungen für eine hervorragende Tierbeobachtung. Hinzu kommen noch die so genannten **Pan-Landschaften** (Salzpfannen), die von Wasserlöchern umgeben sind und eine artenreiche Tierwelt beherbergen. Hervorzuheben im südlichen Safari-Afrika ist sicherlich das Okavango-Binnendelta in Botswana.

Welche Safari-Region wann?

Die Wetterperioden

Intuitiv entscheiden sich viele, während der **Trockenzeit** zu reisen, denn die Chance, regenfreies Wetter zu genießen, ist während dieser Zeit wesentlich größer. Doch heißt dies nicht Sonnenschein ohne Ende. Gerade die Trockenmonate können gelegentlich wolkenbehangen sein, ohne dass es regnet. Von Nordost-Botswana bis nach Kenia zieht sich oft ein träges Wolkenband über den Kontinent. Der Himmel ist dann hellgrau und Winde sind selten.

WELCHE SAFARI-REGION WANN?

Eine Reise in die Serengeti im September oder Oktober, wenn am Ende der Trockenzeit die Kurzgrassavanne sich wie eine leblose Halbwüste präsentiert und die großen Gnu-Herden in entfernte, für Touristen weniger zugängliche Gebiete abgewandert sind, kann rausgeschmissenes Geld bedeuten.

Buschfeuer – brennende Savannen

Das gezielte Abbrennen von Busch und Savannengras in vielen Parks hat durchaus seinen Grund. Es soll größeren, natürlichen Bränden während ausgeprägter Trockenzeiten zuvorkommen. Dieser Eingriff in den natürlichen Zyklus bewirkt, dass nicht die gesamte Vegetationsdecke abbrennt und somit die Regenerationszeit der Pflanzen nicht zu lang wird. Bei vorherigem Abbrennen, wenn viele Pflanzen noch grünen, halten die Brände nicht so lange an, Klein- und Großtiere bleiben verschont und kehren bald wieder zurück.

In der Trockenzeit sind Nationalparks attraktiv, die von einer Zu- und Abwanderungsbewegung gekennzeichnet sind. Wo Flüsse, Seen und Wasserlöcher ganzjährig die einzige Wasserquelle darstellen und sämtliche Vertreter der Tierwelt magnetisch anziehen. Bedingungen, die in den meisten Wildschutzgebieten Afrikas vorherrschen, aber eben nicht in allen!

Die **Regenmonate** in Afrika bedeuten nicht gleich, dass es ununterbrochen schüttet. Zwar kann es solche Tage geben, aber danach ist der Himmel wieder blau und vor allem klar. Dieser Aspekt sollte aber nicht allein entscheidend sein für den Termin Ihrer Reise, denn was nützt Ihnen das schönste Wetter, wenn Sie kaum Tiere zu Gesicht bekommen.

Ein guter Kompromiss, der in der Regel gute Bedingungen verspricht, ist die **Übergangszeit am Ende der Trockenzeit** und während der ersten Regen.

Unmittelbar **nach den großen Regen** ist die Landschaft zwar grün und schön anzusehen, doch ist in den meisten Tierparks Afrikas das Wild verteilt – zumindest dort, wo es keine Zäune gibt. Nur wenig ist zu sehen. Hinzu kommen vielerorts die Erschwernisse in der Infrastruktur: Bei zu starken Regen können Wege unpassierbar, Landebahnen für Busch-Flugzeuge zu matschig sein oder Parks werden auch schon mal geschlossen (z. B. Mana Pools/Simbabwe).

Daher sollte man ruhig einen Monat **nach der Regenzeit** verstreichen lassen, bevor man seine Safari antritt. Erstens benötigt die Tierwelt eine gewisse Zeit, bis sie sich wieder im Umkreis der wenigen

WELCHE SAFARI-REGION WANN?

Wasserstellen zusammenfindet – wo auch das touristische Wegenetz existiert, zweitens wird in vielen Nationalparks unmittelbar nach den großen Regen gebietsweise ↗Buschfeuer gelegt. Das Anzünden der Savannen verwandelt Teile eines Nationalpark für ein bis zwei Wochen in eine Landschaft, die geprägt ist von Stille und Asche. Während dieser Zeit in einem solchen Gebiet unterwegs zu sein, ist wenig ergiebig. (Die besten Reisezeiten für östliches und südliches Afrika entnehmen Sie dem Kapitel „Attraktive Safaris" ab S. 117.)

Tierwanderungen

Neben den klimatischen Bedingungen vor Ort sind die daraus resultierenden Wanderungsverhältnisse in der Tierwelt ausschlaggebend für eine erlebnisreiche Safari.

So wie sich unsere Reiseplanung nach dem Verlauf von Regen- und Trockenzeiten orientiert, um möglichst mit schönem Wetter rechnen zu können, ist auch die **Tierwelt stets auf Reise** bei der Suche nach Wasser und Nahrung. Dabei können nur sehr kurze Wege zurückgelegt werden, wenn kleinere, eingezäunte Wildschutzgebiete der Tierwelt keinen großen Aktionsradius zulassen. Tiere sind dann in der Trockenzeit an künstlich erhaltene Wasserlöcher gebunden. Solche Bedingungen herrschen in einigen Gebieten Südafrikas. Oder die Tierwelt verfügt noch über natürliche Freiräume, wie in den meisten Parks des östlichen und südöstlichen Afrika, in denen größere Distanzen zurückgelegt werden können.

Folgende **Tiermigrationen** sind in Afrika charakteristisch:

Die Zu- und Abwanderung

Das weitverbreitetste Phänomen in der afrikanischen Tierwelt. Habitate, die von Flussläufen, Seen oder Wasserlöchern geprägt sind, markieren die Lebensader für Tiere in einem Ökosystem. Während der **Trockenmonate** konzentriert sich die Tierwelt in der Wassernähe. Grundwasser lässt die ufernahe Vegetation gedeihen und bietet dem Wild Nahrung. Während einer solchen Zeit herrscht Zuwanderung.

Setzt die **Regenzeit** ein und verwandelt trockene und wasserarme Gebiete im Umland in nahrungsreiche Habitate, beginnt für einen Großteil der Tiere, speziell Pflanzenfresser, die Abwanderung. Das Wild ist nun weit zerstreut. Der Safari-Tourist hat in vielen Parks kei-

WELCHE SAFARI-REGION WANN?

▶ Beeindruckendes Schauspiel: Gnu-Migration in der Serengeti

nen Zugang in diese Gebiete. Wenn die Regenzeit vorbei ist, können die Tiere zügig zurückkehren oder es existieren noch für eine Übergangszeit genug Wasserlöcher, die eine Zuwanderung in das Kerngebiet verzögern. Erst im **Zenit der Trockenzeit** ist die Tierkonzentration um die ganzjährig Wasser führenden Flüsse und Wasserlöcher wieder am höchsten.

Der Zyklus

Die wahrscheinlich in Afrika einst weitverbreitetste Form der Tierwanderung ist heute nur noch auf Naturschutzgebiete beschränkt, die allein auf Grund ihrer Größe noch ausgedehnte Jahreszyklen in der Tierwelt zulassen. Solche ↗Zyklen gibt es in erster Linie nur bei Gnu- und Zebraherden. Die Bevölkerungsentwicklung der Menschen hat

Welche Safari-Region wann?

im letzten Jahrhundert viele dieser großen Tiermigrationen unterbunden. Wanderrouten wurden eingeengt und schließlich ganz unterbunden, zusammenhängende Tierpopulationen spalteten sich auf in kleinere Ökosysteme mit Zu- und Abwanderungscharakter.

Die letzten Großwanderungen lassen sich leider nur noch im Ökosystem Serengeti/Masai Mara beobachten – hier gehört die als „Great Migration" bezeichnete Wanderung im Jahreszyklus zu den beeindruckendsten Schauspielen der Tierwelt.

Zyklen

Im Gegensatz zu Zu- und Abwanderung, die meist auf den gleichen Pfaden, also hin- und zurück, erfolgt, stehen Zyklen für Wanderbewegungen, die sich i. d. R. auf einen größeren Raum erstrecken und auch kreisförmig, x-förmig o. ä. sein können.

Welche Tiere in welchem Land?

Auf den folgenden Seiten ein Überblick über das Vorkommen von Tierarten, ohne Anspruch auf Vollständigkeit.

Tiername		Ostafrika		
Deutsch	**Englisch**	<u>Uganda</u>	<u>Kenia</u>	<u>Tansania</u>
Affen				
Berggorilla	Gorilla	●		
Schimpanse	Chimpanzee	●		●●
Bärenpavian	Chacma Baboon			
Anubis Pavian	Olive Baboon	●●	●	●
Babuin, Gelber	Yellow Baboon		●●	●●
Angola Stummelaffe	Colobus Monkey	●●	●	●
Riesengalago	Gr. Bushbaby	●●●	●●●	●●●
Moholigalago	Les. Bushbaby	●	●●	●●
Grüne Meerkatze	Vervet Monkey	●	●●●	●●●
Diademmeerkatze	Blue Monkey	●	●●	●●
Nagetiere				
Springhase	Spring Hare		●●	●●
Erdhörnchen	Ground Squirrel	●●	●●●	●●
Buschhörnchen	Bush Squirrel	●	●●	●●
Stachelschwein	Porcupine	●	●●	●●
Schuppentiere				
Schuppentier	Pangolin	●	●	●●
Raubtiere				
Afrik. Wildhund	Wild/Hunting Dog		●	●●●
Braune Hyäne	Brown Hyena			
Erdwolf	Aardvark	●	●	●
Gepard	Cheetah	●	●●●	●●●
Ginsterkatze	Genet Cat	●	●●	●●
Goldschakal	Common Jackal	●	●●	●●
Honigdachs	Ratel	●	●	●
Leopard	Leopard	●	●●	●●

Welche Tiere in welchem Land?

Die Anzahl der Punkte, gibt Aufschluss über die Verbreitung der Tierarten im jeweiligen Land (Drei Punkte = besonders zahlreich).

Südliches Afrika

Malawi	Sambia	Simbabwe	Botswana	Namibia	Südafrika	Mosambik
	•	••	••	•	••	•
••	••	••				••
••	•					••
••					•	
•	••	•••		•	•••	••
•	•				•	•
	•	••	••		•	•
	•				•	
••	••	••	•		•	••
•					••	•
•	•	••			•	••
	•	•	•••	•	••	•
		••				
•		••	••		•	
•	••	••	••	••	•	
••	••	••	••	••	••	••
•			•		•	•
•	•	•	••	•	••	•

Planung, Vorbereitung

Welche Tiere in welchem Land?

Deutsch	Englisch	Uganda	Kenia	Tansania
Löffelhund	Bat Eared Fox		••	••
Löwe	Lion	•	•••	••
Schabrackenschakal	Black-backed J.	•	••	••
Servalkatze	Serval Cat	•	••	••
Streifenhyäne	Striped Hyena	•	••	••
Streifenschakal	Side-striped Jack.	•	•	•
Tüpfelhyäne	Spotted Hyena	••	•••	•••
Zebramanguste	Banded Mongoose	••	••	••
Zibetkatze	Civit Cat	••	••	••
Zwergmanguste	Dwarf Mongoose	•	••	••
Schliefer				
Klippschliefer	Rock Hyrax	••	••	••
Rüsseltiere				
Elefant	Elephant	•	•••	•••
Unpaarhufer				
Spitzmaulnashorn	Hook-lipped Rhino		••	•
Breitmaulnashorn	Square-lipped Rhino			
Steppenzebra	Zebra	•	••	•••
Paarhufer				
Bongo	Bongo	•	•	
Buschbock	Bushbuck	••	•	••
Buschschwein	Bushpig	•	••	••
Elan-Antilope	Eland	•	••	••
Flusspferd	Hippo	•	••	•••
Giraffe	Giraffe	••	•••	•••
Grantgazelle	Grant´s Gazelle	•	•••	••
Großer Kudu	Greater Kudu	•	•	
Großriedbock	Southern Reedbuck			•
Kap-Büffel	Cape Buffalo	•	••	•••
Kirk-Dik-Dik	Kirk´s Dikdik		••	••
Kleiner Kudu	Lesser Kudu	•	••	•
Klippspringer	Clipsringer	•	••	••

Welche Tiere in welchem Land?

Malawi	Sambia	Simbabwe	Botswana	Namibia	Südafrika	Mosambik
		●	●●	●●	●●	●
●	●	●●	●●●	●	●●●	●
		●●	●●	●●	●●	
●	●●	●●	●	●	●	●
●	●	●		●	●	●
●●	●●●	●●	●●	●	●	●●
●●	●●	●	●	●	●	●●
●●	●●	●●	●	●	●	●●
●●	●●	●●	●	●	●●	●●
●	●	●●	●	●●	●●	●
●	●●	●●●	●●●	●	●●●	●●
	●	●			●●	●
		●●	●	●	●●●	
●●	●●	●●	●●●	●●	●●	●●
●●	●●	●●	●		●●	●●
●	●●	●	●		●	●
●	●●	●●	●●	●	●	●
●	●●	●●		●	●	●
●	●	●●	●●	●●	●●	●
	●●	●●	●●●	●●●	●●	●
●	●●	●●			●	●
●	●●	●	●		●	●
●	●●	●●●	●	●●	●●	●

Planung, Vorbereitung

Welche Tiere in welchem Land?

Deutsch	Englisch	Uganda	Kenia	Tansania
Kronenducker	Bush Duiker	••	•	••
Lichtenstein Kuhantiolope	Kongoni/Hartebeest			•
Litschi-Moorantilope	Lechwe			
Pferdeantilope	Roan Antilope		•	••
Rappenantilope	Sable Antilope		•	••
Rehantilope	Rhebok			
Schwarzfersen-Antilope	Impala		•••	•••
Sitatunga	Sitatunga	••		•
Spießbock/Oryx	Oryx	•	•	•
Springbock	Springbuck			
Streifengnu	Wildebeest		•••	•••
Südafrik. Kuhantilope	Khama			
Thompsongazelle	Thompson´s Gaz.	•	••	••
Tieflandnyala	Lowland Nyala			
Tsessebe	Tsessebe			
Warzenschwein	Warthog	•	••	•••
Wasserbock	Waterbuck	•	••	••
Weißschwanzgnu	Black Wildebeest			
Vögel				
Flamingo	Flamingoe	•	••	••
Goliathreiher	Goliath Heron	•	•	•
Marabu	Marabu	••	••	••
Milan	Black Kite	••	••	••
Pelikan	Pelican	•	••	••
Sattelstorch	Saddle-billed Stork	••	•	••
Schreiseeadler	Fisch Eagle	••	••	••
Strauß	Ostrich	•	••	•
Weißrückengeier	White-back Vulture	••	••	••
Reptilien				
Felsenpython	Rock Phython	•	•	•
Kobra	Cobra	•	•	•
Nilkrokodil	Nile Crocodile	••	••	•••
Puffotter	Puffodder	•	•	•
Schwarze Mamba	Black Mamba	•	•	•

WELCHE TIERE IN WELCHEM LAND?

Malawi	Sambia	Simbabwe	Botswana	Namibia	Südafrika	Mosambik
•	••	••	••	••	••	••
	•	•				•
	••		••			
•	••	•	•		•	•
•	••	••	•			
		•			•	•••
•	•••	••	•		••	•
	•	•	••			
		•	••	••	•	
	•	••	••	••	•	
	••	•	••	•	•	•
	•	••	•	•		
	•				•	••
	•	•		•		•
•	••	••	••	••	•	•
•	••	•	••		•	••
		•			••	
•	•	•	•	•	•	•
•	•	•	•	•	•	•
•	••	•	•	•	•	••
••	••	••	••	•	••	••
•	•	•	•	•	•	•
•	••	•	•	•	•	•
•	••	••	••	•	••	••
		•	•	••	••	
•	••	••	••	••	••	••
•	•	•	•	•	•	•
•	•	•	•	•	•	•
•	••	•••	•	•	•	••
•	•	•	•	•	•	•
•	•	•	•	•	•	•

Planung, Vorbereitung

Reisevorbereitung – Organisation und Buchung

Informationsquellen

Eine sehr gute Informationsquelle sind aktuelle, fundierte **Reiseführer.** Wildschutzgebiete werden hier meist mit Übersichtskarte vorgestellt, Unterkünfte und Camping-Möglichkeiten beschrieben und es gibt Hintergrundinformationen zu Land und Leuten.

Nützlich sind auch die **Internetseiten** der einschlägigen Reiseveranstalter und der länder- und parkspezifischen Touristeninformations-Büros (s. a. Linkliste im Anhang). Auch die aktuellen **Impfbestimmungen** und Infos zu reisemedizinischen Fragen bekommt man u. a. auf Internet-Seiten wie: www.travelmed.de, www.crm.de oder www.fitfortravel.de. Über die **Sicherheitssituation** im Land informiert das Lagezentrum des Auswärtigen Amtes (Tel. 0 18 88/17-0, Internet: www.auswaertiges-amt.de).

Gestaltung und Kostenplanung

Wie bereits dargestellt, können Safaris sehr unterschiedlich gestaltet werden. Neben den verschiedenen Transportmitteln gibt es Unterschiede in Bezug auf Komfort, Reisekilometer und Erlebniswert – wie fast überall ist es eine Frage des Geldbeutels.

Gruppengröße und Fahrzeuge

Meist bekommt man über den Veranstalter Auskunft, ob man sich anderen anschließen kann und sich ein Fahrzeug und somit auch die Kosten teilen kann. Bei Geländewagen (je nach Typ) ist eine Größe von 4-6 Personen ein guter Kompromiss zwischen Kostenreduzierung und noch ausreichendem Sitzkomfort. Günstiger wird es bei Mini-Bussen mit noch mehr Sitzplätzen. Eine große Gruppe kann aber auch Nachteile haben: Nicht alle können gleichzeitig zur Dachluke herausschauen und das Safari-Feeling will sich nicht einstellen.

Wer möglichst kostengünstig zu zweit reisen will, kann die höheren anteiligen Fahrzeugkosten durch Campen wieder wett machen.

Buchung vor Ort

Lodge- oder Camping-Safari?

Nahezu jede Safari-Region lässt sich in verschiedenen Preisklassen bereisen. Von Low-Budget (30–90 $ pro Person/Tag, je nach Land) bis zu 1000 $ – ein und derselbe Parkaufenthalt kann die Reisekasse äußerst unterschiedlich belasten.

Eine Safari kann als reine Lodge-/Camp- oder Camping-Safari durchgeführt werden bzw. als Kombination von beidem. Lodges/Tented Camps (s. S. 51) bieten jeglichen Hotel-Komfort und sind in den Parks auch meist besser gelegen als Camping-Plätze. Der preisliche Unterschied zum Camping kann bis zu 500 Euro pro Person und Nacht ausmachen.

Zelten spart aber nicht nur Geld, es ist vor allem auch eine einmalige Erfahrung. Eigene **Ausrüstung** benötigt man bei den meisten Unternehmen nicht. Nur **Schlafsäcke** werden nicht immer gestellt. Sogar ein **Koch** kann dabei sein oder man wird selber mal zum Spiegeleier braten eingeteilt. Allerdings kann es bei Billigst-Unternehmen schon mal vorkommen, dass das Zelt nicht gerade der Renner ist (Moskitonetz und/oder Reißverschluss kaputt) und Essen von Plastiktellern muss auch nicht immer besonders lecker sein.

Es lassen sich aber auch so genannte „Luxury-Mobile-Safaris" (ab S. 51) mit zimmergroßen Zelten à la „Jenseits von Afrika" organisieren, meist begleitet von einem Safari-Guide.

Dauer und Route

Von Ein-Tages-Safaris im Rahmen eines Badeurlaubs bis hin zu mehreren Wochen in verschiedenen Ländern – einer Safari sind kaum Grenzen gesetzt. Welche Möglichkeiten die Länder Ost- und Südafrikas bieten, entnehmen Sie dem nächsten Kapitel „Attraktive Safaris".

Buchung vor Ort

Das Internet macht es einfach und schlägt Brücken in die letzten Winkel Afrikas. Camps und Safari-Veranstalter, die früher nur über Funk oder rauschende Telefonverbindungen erreicht werden konnten, sind dank neuer Technik schnell und einfach zu erreichen. Der allgemeine

Trend geht nun auch dahin, die Safari mehr und mehr von zu Hause aus zu buchen. Zudem hat sich der **internationale Zahlungsverkehr** vereinfacht. Über das so genannte SWIFT-System lassen sich Beträge in wenigen Tagen zu allen Banken der Welt transferieren. Die Möglichkeit, sich selbst seine eigene Tour zusammenstellen zu können, mit Veranstaltern und Camp-Managern vor Ort direkt in Kommunikation zu stehen, findet Gefallen. Doch was zunächst besser und „eigen" klingt, muss nicht vorteilhaft sein. Die Organisation und Buchung einer Safari über einen **Reiseveranstalter** bleibt generell die bessere Alternative – aus folgendem Grund:

Es gibt keine oder nur selten finanzielle Vorteile, wenn man Organisation und Buchung von zu Hause aus oder vor Ort in die eigene Hand nimmt, denn der Reise-Veranstalter in Europa bekommt vom Safari-Veranstalter in Afrika einen günstigen Nettopreis, auf den er seine Kommission aufschlägt. Dieser Gesamtbetrag ist aber meist genau so hoch wie direkt beim Safari-Veranstalter vor Ort, denn dort schlägt dieser wieder etwas drauf.

Soweit noch kein Nachteil. Wickeln Sie Ihre Safari aber über das heimische Reisebüro ab, sind Sie damit gegen Insolvenz versichert bzw. liegen alle rechtlichen Vorteile bei Ihnen, falls es während Ihrer Safari zu einem Unfall kommt oder Vereinbarungen nicht eingehalten werden. Als Selbstbucher hat man in solchen Fällen im Ausland schnell das Nachsehen. Ihren heimischen Reiseveranstalter können Sie dagegen zur Rechenschaft ziehen.

Buchung bei Reiseveranstaltern

Ein häufig auftretendes Manko, das an dieser Stelle in aller Deutlichkeit erwähnt werden muss, sind die oft bescheidenen **Orts- und Sachkenntnisse von Reiseveranstaltern** und Reisebüros in Europa, vor allem, wenn es sich nicht um spezialisierte Veranstalter handelt.

Es bedarf nämlich mehr, als nur ein Hochglanzprospekt weiterzureichen. Meistens können aber gezieltere Fragen nicht beantwortet werden oder die Mitarbeiter geben den Kunden einfach irgendwelche Auskünfte, ob wahr oder unwahr, um deren Buchungs-Interesse zu wahren. Auf Safari erfährt man dann möglicherweise ganz andere Dinge: Das als ruhig und erholsam empfohlene Camp entpuppt sich als Club für vergnügungssuchende Pauschaltouristen, die erwarteten tierreichen Savannen gleichen einer leblosen Halbwüste, weil man unglücklicherweise am Ende der Trockenzeit gebucht hat usw.

Wenden Sie sich an einen Spezialisten, wenn Sie auf Nummer Sicher gehen wollen. Die im Anhang aufgeführten Safari-Veranstalter sind mir größtenteils gut bekannt und stehen für eine seriöse Umsetzung Ihrer Safari-Wünsche.

Bezahlung einer Safari

Buchung über Reiseveranstalter

Safaris über Reiseveranstalter müssen in der Regel einige Wochen vor Reisebeginn bezahlt werden – komplett. Gehen Sie sicher, dass Ihre Reise als Gesamtleistung, d. h. mit Flug und allen einzelnen Reiseteilen, gebucht ist. Zudem sollte in jedem Fall eine Insolvenz-Versicherung eingeschlossen sein. Dies ist der so genannte **Reisepreis-Sicherungsschein,** den seriös auftretende Veranstalter pflichtgemäß anbieten sollten.

Buchung vor Ort

In Afrika ticken die Uhren anders. Für Backpacker gilt: Während man im südlichen Afrika größtenteils einen ehrlichen Service erwarten kann, ist die Zahlung im östlichen Afrika mit einer guten Portion Vorsicht abzuwickeln. Trauen Sie nicht nur der Visitenkarte, suchen Sie das jeweilige Büro auf, um sich einen Eindruck von der Professionalität zu verschaffen. Stellen Sie Fragen zum Ablauf, zur Organisation, zur geplanten Route, ob Kilometerbegrenzungen bestehen usw. Kurz: Nehmen Sie sich Zeit, bevor Sie einen Entschluss fassen!

Haben Sie sich für eine preiswerte Safari entschieden, ist Folgendes zu beachten: Leisten Sie keine Vorauszahlung, bevor Sie nicht am Morgen der Abfahrt das Auto gesehen, sich von seinem Zustand überzeugt haben und die am Vortag festgelegte Anzahl der Mitfahrenden auch wirklich noch stimmt. Denn wenn kurz vor Abfahrt noch unerwarteterweise Personen dazugesteckt werden, kann die Safari schnell zu einem Konserventrip werden.

Attraktive Safaris

Attraktive Safaris

Einleitung

Auf den folgenden Seiten werden die **Haupt-Safari-Länder** kurz vorgestellt (vergl. Übersichtskarte S. 15). Anhand der jeweiligen Detailkarten lässt sich grob verfolgen, in welchem Gebiet diese Safaris möglich sind und welche Ziele und Kombinationen sinnvoll erscheinen und hohen Erlebniswert bieten.

Meine Safari-Vorschläge beruhen auf der Kenntnis des Potenzials im Safariland und der infrastrukturellen Gegebenheiten, auf Insider-Erfahrung von Reiseveranstaltern bzw. Safariunterkünften vor Ort sowie auf langjährigen persönlichen Erfahrungen.

Preise und detailliertere Informationen zu den Safaris können hier nicht aufgeführt werden. Das würde den Rahmen dieses Kapitels sprengen. Generell lässt sich jedoch sagen, dass jede der vorgeschlagenen Safaris in verschiedenen Preis- und Niveauklassen realisiert werden kann. Sie unterscheiden sich dann in der Exklusivität der Fortbewegung und im Unterkunftsstandard.

> **Lange Giraffenhälse**
> *... bestehen aus nur sieben Halswirbeln, wie bei uns Menschen auch! Ein einziger Giraffen-Wirbel kann allerdings bis zu 35 cm lang sein! Aus diesem Grund sind ihre Hälse auch nicht sehr dehnbar. Das Putzen am Hals mit Zähnen und Zunge ist nicht möglich. Zecken scheinen dies zu wissen und haften sich vorzugsweise an den Hals. Da hilft dann nur noch scheuern an Baumstämmen. Und trotzdem scheinen die Hälse zu kurz zu sein, denn beim Wassertrinken müssen Giraffen ihre langen Vorderläufe spagatartig spreizen, um besser an Wasserstellen heranzukommen!*

Östliches Afrika

Kenia

Kenia gehört zu den beeindruckendsten Safaridestinationen in Afrika. Zahlreiche Nationalparks und Naturreservate versprechen unvergessliche Safari-Erlebnisse und gute Voraussetzungen, die „big five" (Elefant, Nashorn, Büffel, Löwe und Leopard) zu sehen. Das ostafrikanische Land ist landschaftlich das vielseitigste, was Afrika zu bieten hat.

ÖSTLICHES AFRIKA

Nationalparks in Halbwüsten bis zu immergrünen Bergregenwäldern beherbergen eine artenreiche Tierwelt.

Ausgangsorte sind Nairobi und Mombasa. Letzteres ist in erster Linie für Strandurlauber von Bedeutung. Von Kenias Küste lassen sich interessante Safaris in die Nationalparks Tsavo (West und Ost) sowie bis zum Amboseli organisieren. Diese werden meist mit Mini-Bussen über die Strandhotels organisiert, dauern zwei und mehr Tage und sprechen eher preiswert reisende Pauschal-Urlauber an.

Die eigentliche Drehscheibe für Safaris in Kenia ist Nairobi. Von hier lassen sich herrliche Safari-Programme realisieren.

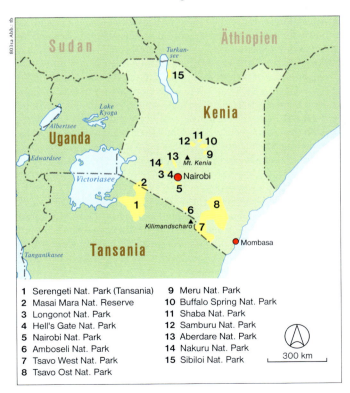

1 Serengeti Nat. Park (Tansania)
2 Masai Mara Nat. Reserve
3 Longonot Nat. Park
4 Hell's Gate Nat. Park
5 Nairobi Nat. Park
6 Amboseli Nat. Park
7 Tsavo West Nat. Park
8 Tsavo Ost Nat. Park
9 Meru Nat. Park
10 Buffalo Spring Nat. Park
11 Shaba Nat. Park
12 Samburu Nat. Park
13 Aberdare Nat. Park
14 Nakuru Nat. Park
15 Sibiloi Nat. Park

ÖSTLICHES AFRIKA

Rift Valley und Masai Mara

Die grandiose Landschaft des ostafrikanischen Grabenbruchs mit Vulkanbergen und zahlreichen Seen stellt die Kulisse in den Nationalparks Longonot, Hell's Gate und Nakuru.

- **Dauer:** In Verbindung mit den Bilderbuch-Savannen im Masai Mara Reservat (Drehort für „Jenseits von Afrika") lassen sich diese Destinationen zu einer Rundtour von 5 bis 6 Tagen zusammenfügen. Als Zugabe empfiehlt sich evtl. noch der Aberdare National Park mit seiner üppig grünen Bergvegetation in über 3000 m Höhe und den interessanten Safari-Unterkünften auf Stelzen. Dann sind noch mal 1–2 Tage mehr hinzuzurechnen.
- **Attraktionen:** Neben den big five (Nashorn im Nakuru) sind insbesondere die großen Flamingokolonien Ostafrikas zu bewundern. Auf dem Weg in die Masai Mara durchfährt man den Lebensraum des Maasai-Volkes. Die Mara selbst ist ein El Dorado für Löwen, Geparden und Giraffen sowie Hunderttausende von Gnus und Zebras. Fabelhaftes Safari-Erlebnis ist hier garantiert. Wer es dann noch krönen will, leistet sich für etwa 400 Euro eine Ballon-Safari.
- **Reisezeit:** Gut sind Januar bis März bzw. August bis November, denn dann ziehen die großen Gnu-Herden durch die Masai Mara.
- **Verkehrsmittel:** Diese Tour lässt sich gut mit einem Mini-Bus oder Geländewagen realisieren. Rückflug von Masai Mara möglich.

Highlands und Samburuland

Das fruchtbare Hochland mit Bergregenwäldern in Zentralkenia, zu entdecken in den Nationalparks Aberdares und Mt. Kenia; das trockenere Land im Gebiet der Samburu – die Wildschutzgebiete Samburu, Buffalo Springs, Shaba und Meru. Weiter nördlich, entlang der Mathews Range und der Ndoto-Berge, lassen sich die in Afrika einzigartigen **Kamel-Safaris** verwirklichen.

- **Dauer:** 4 bis 7 Tage (bei Kamel-Safaris auch länger).
- **Attraktionen:** Die Vegetation und Tierwelt in den Bergwäldern. Nashorn, schwarze Leoparden (Seltenheit) und Bongo-Antilope in den Aberdares; Trockenbusch-Savanne mit Raubkatzen und großen Elefantenherden in den nördlichen Parks.
- **Reisezeit:** Zu empfehlen zwischen September und Februar.
- **Verkehrsmittel:** Die Tour lässt sich gut mit Mini-Bus oder Geländewagen realisieren. Rückflug von Meru Nationalpark möglich.

ÖSTLICHES AFRIKA

Die südliche Schleife – Amboseli und Tsavo
Über den kleinen, aber attraktiven Stadtpark Nairobi zum Fuße des Kilimandscharo und weiter in die großen Parkgebiete des Tsavo. Mit abschließendem Beach-Urlaub am Indischen Ozean kombinierbar.
- **Dauer:** 4 bis 7 Tage.
- **Attraktionen:** Big five im Nairobi National Park (gute Chance, Nashörner zu sehen!); große Herden von Elefanten vor dem schneebedeckten Kilimandscharo im Amboseli; Löwen, Kudus und nochmals viele Elefanten im Tsavo Ost. Interessante heiße Quellen im Tsavo West.
- **Reisezeit:** Juni bis Oktober und von Dezember bis März.
- **Verkehrsmittel:** Diese Tour lässt sich gut mit einem Mini-Bus oder Geländewagen realisieren.

Uganda, Ruanda

„Die Perle Afrikas", wie Churchill Uganda einst betitelte, verfügt über großartige Nationalparks, insbesondere Murchison, Semliki, Queen Elizabeth und die Gorilla-Nationalparks Bwindi und Mgahinga. Die Möglichkeit, Safaris zu der großen Primatenart in die Regenwälder zu

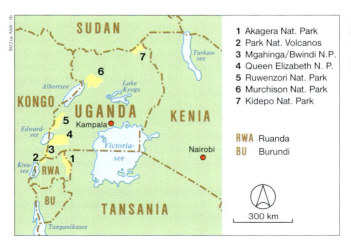

1 Akagera Nat. Park
2 Park Nat. Volcanos
3 Mgahinga/Bwindi N.P.
4 Queen Elizabeth N. P.
5 Ruwenzori Nat. Park
6 Murchison Nat. Park
7 Kidepo Nat. Park

RWA Ruanda
BU Burundi

ÖSTLICHES AFRIKA

unternehmen, ist eine Besonderheit in Afrika. Nur im Grenzgebiet von Uganda und Ruanda lassen sich diese letzten **Berg-Gorillas** gut beobachten. Die ruandesische Seite wird von Kigali aus bereist.

Auch wenn es die big five in Uganda nicht zu sehen gibt (das Nashorn wurde ausgerottet) bieten die Parks im Westen fantastische Landschaften und viele interessante Tierarten, z. B. auch Schimpansen. Die Hauptstadt Kampala ist Ausgangsort für An- und Abreise.

Von den Murchison Falls zu den Berg-Gorillas

Eine empfehlenswerte Rundtour in Uganda beginnt mit den Murchison Falls.

- **Dauer:** 6 bis 8 Tage.
- **Attraktionen:** Der Murchison-Nationalpark, durch dessen Mitte der Nil fließt, und die berauschenden Murchison-Wasserfälle. Die offene Parklandschaft bietet viel Sehenswertes an Flora und Fauna, eine Flussfahrt zu den Fällen verläuft an Elefanten, Flusspferden, Schreiseeadlern und diversen Antilopenarten vorbei. Über das Semliki-Naturreservat zwischen Albertsee und den Ausläufern des gewaltigen Ruwenzori-Massivs führt der Weg in den Queen Elizabeth National Park, wo sich die Schimpansen-Schlucht Kyambura Gorge und die dichteste Flusspferd-Population Afrikas im Kazinga Channel tummelt. Zwischen bizarren Kratern im Norden zu herrlichen Savannen am Rift-Valley-See Lake Edward sind Elefanten, Löwen, Büffel und Wasserböcke keine Seltenheit. Zum Abschluss dieser Rundreise kommt das Highlight in den Gorilla-Schutzgebieten Mgahinga oder Bwindi. Hier geht man zu Fuß unter Führung eines Rangers zu ↗habituierten Gorillagruppen – atemberaubend!
- **Reisezeit:** Juni bis September und Dezember bis Februar.
- **Verkehrsmittel:** Die Safari lässt sich mit einem Mini-Bus (nur bei Trockenheit) oder einem Geländewagen gut und preiswert organisieren.

> **Habituierte Gorillas/Schimpansen**
> *Gorilla-/Schimpansengruppen, die sich, aufgrund von Forschungsarbeiten über einen bestimmten Zeitraum, an den Kontakt mit Menschen gewöhnt und ihre Scheu abgelegt haben. Dies geschieht jedoch ohne Fütterung, das Zutrauen wird also nicht aktiv herbeigesteuert.*

ÖSTLICHES AFRIKA

▲ Boot-Safari in Tansania mit „falscher Blickrichtung" – der Elefant ist hinten

Tansania

Tansania hat sich erst Ende der 1980er Jahre in den internationalen Safari-Tourismus eingeklinkt und zieht seitdem jährlich knapp eine Million Besucher aus aller Welt an. Besonders der nahezu bei allen bekannte Serengeti National Park sowie der berühmte Ngorongoro-Krater bieten berauschende Safari-Erlebnisse à la „Jenseits von Afrika". In 13 Nationalparks lassen sich die unterschiedlichsten Habitate erkunden, wird eine große Vielfalt in Flora und Fauna angeboten.

Tansania ist ein absolut klassisches Safariland mit noch vielen unberührten Gebieten und relativ wenigen Restriktionen. Die nördlichen Parks liegen eng zusammen. Die Infrastruktur erlaubt es, mehrere Wildschutzgebiete auf einer Safari nacheinander zu besuchen.

Im Süden und Westen des Landes sind die Entfernungen wesentlich größer und die Straßenanbindungen nicht überall gut. Einige Transfers erfolgen daher mit dem Flugzeug, was die Gesamtkosten erhöht. Viele angebotene Safari-Programme werden mit einem Strandurlaub auf der mythenreichen Insel Sansibar verbunden, die zu Tansania gehört.

ÖSTLICHES AFRIKA

Northern Circuit – Im Land der Maasai – Ngorongoro und Serengeti

Der Norden Tansanias bietet in einem großflächigen Ökosystem sämtliche Superlative: Bilderbuch-Afrika zwischen dem höchsten Berg und dem größten See Afrikas – vom Kilimandscharo bis zum Victoriasee. Drehscheibe für An- und Abreise ist der Kilimanjaro International Airport, die Stadt Arusha ist Ausgangsort für die Safaris.

Über den Berg-Nationalpark Arusha zu der großen Elefantenpopulation im Tarangire-Park am Rande der weitläufigen Masai-Steppe geht es über das flimmernd heiße Rift Valley im Flamingo- und Pelikan-Paradies Manyara National Park bis hinauf auf über 2500 m Höhe zum Kraterrand des Ngorongoro (dem 8. Weltwunder – so Prof. Grzimek resümierend) und einer üppigen und hautnah zu erlebenden Tierwelt. Hier lassen sich mehrtägige Fuß-Safaris in Begleitung von Maasai-Kriegern und Packeseln durchführen.

Direkt westlich angrenzend erstreckt sich bis zum Horizont die Savannenlandschaft der Serengeti, wo sich die letzte große Tierwanderung der Welt beobachten lässt – 1,5 Millionen Gnus ziehen in einem jährlichen Zyklus über die endlosen Ebenen.

Der Höhepunkt – im wahrsten Sinne des Wortes – ist dann noch eine Ballon-Safari, schwebend über der Savanne und Grzimeks wundervoller Tierwelt.

- **Dauer:** Je nach Jahreszeit 3 bis 7 Tage.
- **Attraktionen:** Gewaltige Baobabs (Affenbrot-Bäume) und Elefanten im Tarangire-Park, herrliche Rift-Valley-Landschaft am Manyara-See, Löwen und Leoparden im Ngorongoro-Gebiet und die Gnu-Migration in der Serengeti (diese am besten zwischen Januar und April).
- **Reisezeit:** Optimal sind die Monate Dezember bis März für alle Parks. Dann wieder ab Ende Mai bis Juli (allerdings ohne Tarangire) oder von August bis Oktober (in dieser Zeit ist die Serengeti nicht zu empfehlen).
- **Verkehrsmittel:** Mit dem Mini-Bus in den Trockenmonaten. Ansonsten ist ein Geländewagen empfehlenswert. Die Parks liegen nicht weit auseinander und lassen sich alle gut mit dem Fahrzeug erreichen. Eine voll organisierte Tour kann von 90 $ bis über 400 $ am Tag pro Person kosten. Der Rückflug ist von der Serengeti aus möglich.

ÖSTLICHES AFRIKA

1 Serengeti Nat. Park
2 Ngorongoro-Krater
3 Manyara Nat. Park
4 Tarangire Nat. Park
5 Mikumi Nat. Park
6 Selous Game Res.
7 Udzungwa Nat. Park
8 Ruaha Nat. Park
9 Katavi Nat. Park
10 Mahale Nat. Park
11 Gombe Nat. Park
12 Rubondo Island Nat. Park

Ug Uganda
Rwa Ruanda
Bu Burundi
Ma Malawi

Der wilde Süden – Selous und Ruaha

Hier schlägt das Safariherz höher, hier fühlt man sich noch wie ein Entdecker. Denn das Selous Game Reserve und der Ruaha National Park bekommen nur wenig Besuch. Der Selous besitzt die größte Elefantenpopulation Afrikas, die meisten Wildhunde sowie Zehntausende Krokodile und Flusspferde. Zudem bietet das große Binnendelta des Rufiji-Flusses eindrucksvolle Boot-Safaris.

Der Ruaha ist eine raue, vom saisonal fließenden Ruaha-Fluss geprägte Landschaft mit großen Löwenrudeln, großen und kleinen Kudus, vielen Elefanten, Wildhunden und Leoparden. In beiden Gebieten lassen sich Fuß-Safaris mit Rangern über die Betreiber der Unterkünfte organisieren, was in den Nordparks nicht möglich ist.

ÖSTLICHES AFRIKA

Zusätzlich lassen sich noch der Mikumi und der Udzungwa National Park mit in das Programm einbeziehen, sind aber von der Anbindung schlecht in den Ablauf zu integrieren. Zudem bieten beide Parks nichts Nennenswertes außer der herrlichen Savannenlandschaft des Mikumi.

- **Dauer:** 4 bis 7 Tage. Um allein die Vielfalt des Selous erleben zu können, sollten schon 2 bis 4 Tage eingeplant werden.
- **Attraktionen:** Die Möglichkeit, zusätzlich Boot- und Fuß-Safaris zu unternehmen, die geringe Besucherzahl, die Fluss- und Seenlandschaften.
- **Reisezeit:** Die beste Zeit für beide Gebiete ist von Juni bis November. Die kleinen Regenmonate Dezember bis März können den Aktionsradius im Selous eingrenzen. Boot-Safaris sind aber dann besonders empfehlenswert. Der Ruaha ist bis etwa Ende März problemloser zu erkunden.
- **Verkehrsmittel:** Auf Grund der großen Distanzen und der schlechten Pisten zum Selous erfolgt der Transfer mit Kleinflugzeugen, was jedoch den Gesamtpreis erhöht. Die Flüge sind allerdings auch ein Fest fürs Auge. Ausgangsort ist die Stadt Daressalam.

Westtansania – Am Tanganjikasee
Die „großen Seen" und Schimpansen

Das wohl beste Gebiet, um Schimpansen in freier Natur zu sehen.
- **Dauer:** Je nach Kombination 4–7 Tage.
- **Attraktionen:** Die eindrucksvolle Kulisse am blau schimmernden Tanganjikasee mit den steil aufragenden Bergen und Urwäldern in den Nationalparks Gombe und Mahale ist atemberaubend, die Begegnung mit Schimpansen einmalig. Zusätzlich lassen sich der große und noch völlig unberührte Nationalpark Katavi und die Parkinsel Rubondo im Victoriasee in das West-Tansania-Programm einbinden. An kaum einem anderen Ort Afrikas versammeln sich derart viele Flusspferde auf einem Fleck wie im Katavi (auch viele Büffel und Löwen). Die Seen und Sümpfe des Rubondo-Parks mit Sitatunga-Antilopen, eindrucksvoller Vogelwelt und nochmals Schimpansen bieten einen weiteren Kontrast. Hier empfehlen sich auch Boot-Safaris. Dieses Programm ist auf Grund der vielen Flugverbindungen und den hohen Eintrittskosten in den Schimpansenreservaten eher etwas für ein zahlungskräftigeres Klientel.

- **Reisezeit:** Die besten Monate sind von Juni bis November und weiter bis März, allerdings mit regelmäßigen Niederschlägen.
- **Verkehrsmittel:** Alle Verbindungen mit dem Flugzeug (Ausgangsort ist die Stadt Arusha), in den Parks mit Landrover oder zu Fuß.

Südliches Afrika

Sambia

Sambia wird als das „wilde Herz Afrikas" bezeichnet. Das Land verbindet das östliche und südliche Afrika und besticht mit einer noch sehr unbekannten, vielfältigen Wildnis. Besonders beeindruckend für Safari-Freunde sind die östlichen Nationalparks Lower Zambezi, North und South Luangwa. Besonders letzterer etabliert sich zunehmend zu einem der beliebtesten Parks unter Afrika-Kennern. Im Westen von Sambia bieten die Parks Kafue, Blue Lagoon und Lochinvar ebenfalls gute Bedingungen.

Sambia ist auch das Land für Kanu-Safaris in unberührter Wildnis. Besonders auf dem Kariba-Stausee und auf dem Fluss Lower Zambezi lässt sich Afrikas Tierwelt „erpaddeln". Ausgangsort für Park-Safaris ist die Hauptstadt Lusaka.

Die Flusslandschaften am Sambesi und Luangwa

Das für viele interessanteste Safari-Programm ist die Ostschleife über den Lower Zambezi National Park.

- **Dauer:** 3 bis 6 Tage.
- **Attraktionen:** Der Lower Zambezi National Park, der in jüngster Zeit mit ausländischer Hilfe noch zugänglicher gemacht wird, und weiter der South Luangwa Park, dessen Lebensader, der gleichnamige Fluss, ein Eldorado für Elefanten, Flusspferde, Nilkrokodile und viele Löwen und Leoparden ist. Neben Kudus ist auch das seltene Puku (Gelbfuß-Moorantilope) zu sehen. Von schön gelegenen Camps lassen sich unvergessliche Fuß-Safaris unternehmen. South Luangwa ist mit über 400 Vogelarten auch für Ornithologen äußerst ergiebig. Kanu-Safaris werden dagegen im Lower Zambezi veranstaltet, organisiert von den Lodges und Camps, die sich dort am Fluss befinden. Auf Pirschfahrten sind große Büffel- und Elefan-

SÜDLICHES AFRIKA

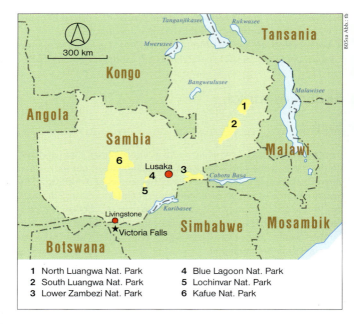

1 North Luangwa Nat. Park
2 South Luangwa Nat. Park
3 Lower Zambezi Nat. Park
4 Blue Lagoon Nat. Park
5 Lochinvar Nat. Park
6 Kafue Nat. Park

tenherden und mit Glück auch Geparden zu sehen. Wenig Touristen, wilde und ursprüngliche Landschaft!
- **Reisezeit:** Die kühle und trockene Reisezeit ist von Mai bis August. Trocken, aber wärmer ist es bis November. Ab Dezember leichte Regen, ab März Regenzeit.
- **Verkehrsmittel:** Mit dem Geländewagen ab Lusaka bis Luangwa. Von dort Rückflugmöglichkeit.

Simbabwe

Simbabwe markiert den Beginn des südlichen Afrika und damit auch einer etwas anderen Flora und Fauna als in Ostafrika. Die besten Safari-Destinationen liegen im Norden und Westen des Landes, an der Grenze zu Sambia und Botswana. Hier ist das simbabwische Safari-Erlebnis von dem großen Sambesi-Fluss und dem Kariba-Stausee ge-

SÜDLICHES AFRIKA

1 Mana Pools
2 Nyanga Nat. Park
3 Chimanimani Nat. Park
4 Ganarezhou Nat. Park
5 Matobo Nat. Park
6 Hwange Nat. Park
7 Chizarira Nat. Park
8 Matusadona Nat. Park
9 Zambezi Nat. Park

prägt. Darüber hinaus bietet nur noch der große Gonarezhou National Park und das Save River Conservancy an der Grenze zu Mosambik erwähnenswerte Tierbeobachtungsmöglichkeiten in Simbabwe.

Viele angebotene Safari-Programme beinhalten einen Abstecher nach Botswana, zum Chobe National Park und in das Okavango-Delta. Simbabwe gehört zu den preiswerteren Safari-Ländern. Ausgangsorte für Safaris im Land sind die Großstädte Harare und Bulawayo.

Mana Pools und Lake Kariba (kleine Simbabwe-Safari)

- **Dauer:** 3 bis 6 Tage.
- **Attraktionen:** Von Harare lassen sich die eindrucksvollen Nationalparks Mana Pools, Matusadona und Chizarira erkunden. Mana Pools liegt herrlich im Sambesi-Tal und besticht durch ein Netz von Flussarmen, Kanälen und Sümpfen, entstanden durch saisonale Veränderungen des Sambesi. Unmengen von Krokodilen, Flusspferden sowie eine große Elefantenpopulation sind in dem wasserreichen Überschwemmungsgebiet zu beobachten. Der Park ermöglicht Fuß-Safaris. Er gehört zu den interessantesten des Landes und ist ein gutes Löwengebiet.

Matusadona bietet auf Grund seiner Lage am Wasser ähnliche Verhältnisse wie Mana Pools. Eingebettet zwischen den Matusadona-Bergen und dem künstlichen Lake Kariba, dessen landschaftliche Attraktion die aus dem Wasser aufragenden toten Baumstämme sind, ist einer der „Hot Spots" für Kanu-Safaris in Afrika: Elefan-

SÜDLICHES AFRIKA

ten waten durchs Wasser, Flusspferde schnaufen und brüllen und die über 400 Spitzmaulnashörner geben sensationelle Fotomotive ab. Der Karibasee kann auch mehrere Tage mit einem Hausboot oder einem Dampfschiff („Southern Belle") erkundet werden. Auf dem Sambesi sind mehrtägige organisierte Kanu-Safaris für Abenteurer empfehlenswert.

Von Mana zu den Victoria Falls (große Simbabwe-Safari)
Die Erweiterung der obigen Tour.
- **Dauer:** Der zweite Teil lässt sich in 3 bis 4 Tagen gut erleben, insgesamt sind für die große Tour 7–10 Tage einzukalkulieren.
- **Attraktionen:** Ein Abstecher in den Chizarira-Park ist nur als Transit-Stopp auf dem Weg von Matusadona nach Hwange empfehlenswert. Hwange ist der größte und artenreichste Park Simbabwes. Er besticht durch Savannen und Baumlandschaften, tierreiche Wasserlöcher und riesige, saisonal mit Wasser gefüllte Salzpfannen. Ein Zuhause für Tausende von Elefanten, Büffeln und Zebras.

  Den krönenden Abschluss bilden die Victoria Falls im Zambezi National Park, wo nochmals mit dem Boot die Flussufer erkundet werden können. Der Park ist ein Refugium für Spitz- und Breitmaulnashörner. Elefanten-Safaris sind ebenfalls möglich.
- **Reisezeit:** Von Mai bis Januar/Februar. Mana Pools wird schon ab November geschlossen.
- **Verkehrsmittel:** Mit dem Pkw in den Trockenmonaten, ansonsten ist ein Geländewagen empfehlenswert. Die Parks liegen nicht weit auseinander, lassen sich gut mit dem Fahrzeug erreichen. Rückflugmöglichkeit von den Victoria Falls.

Botswana

Botswana bietet mit die besten Tierbeobachtungs-Möglichkeiten im südlichen Afrika, was allerdings auch seinen Preis hat. Die Wildschutzgebiete Moremi (Okavango-Delta) und Chobe genießen internationalen Ruf. Besonders das große Binnendelta des Okavango lässt Safari-Herzen höher schlagen. Dieser nördliche Teil Botswanas wird auch oft mit einem Abstecher zu den Victoria Falls verbunden.

Die zentralen Regionen Botswanas sind sehr von der Kalahari-Halbwüste geprägt und damit wesentlich wasserärmer. Die trockene und

Südliches Afrika

größtenteils sehr flache Landschaft hat jedoch ihren Reiz und verspricht interessante Tierbegegnungen der anderen Art.

An- und Abreise über die Hauptstadt Gaborone. Flüge sind über Johannesburg oder Windhuk preiswerter. Von dort ist eine direkte Verbindung in die nördlichen Parks möglich.

Okavango-Delta und Chobe

Diese Region gehört wohl zu den drei besten Safari-Destinationen des Kontinents.

- **Dauer:** Empfehlenswert sind mindestens 5 Tage für die gesamte Region.
- **Attraktionen:** Von der Kleinstadt Maun werden die jeweiligen Sektionen (je nach Jahreszeit) im Okavango erreicht. Im Delta werden neben Jeep- und Walking-Safaris auch Einbaum-Touren (Mokoro-Safaris) durch ein Labyrinth von Flussarmen, überschwemmten Landstrichen und Teichen angeboten. Die Tierwelt ist berauschend, besonders die seltenen Sitatunga-Antilopen lassen sich hier gut beobachten. Auch Reit-Safaris werden auf den großen Landzungen und Savannen veranstaltet und gelten als sehr empfehlenswert. Wer betuchter ist, kann auf afrikanischen Elefanten eine „Elephant-Back-Safari" durch die Wasserlandschaften des Deltas machen.

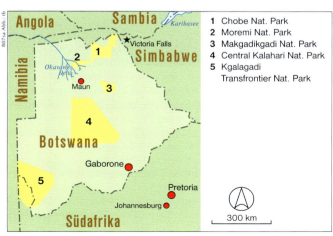

1 Chobe Nat. Park
2 Moremi Nat. Park
3 Makgadikgadi Nat. Park
4 Central Kalahari Nat. Park
5 Kgalagadi Transfrontier Nat. Park

SÜDLICHES AFRIKA

Nordwestlich angrenzend, verblüffen der Chobe National Park und die Linyanti-Sümpfe mit großen Tierbeständen: Elefantenherden, viele Löwen und andere Raubkatzen. Besonders interessant sind die Savuti-Region sowie die Flussufer des Chobe und Linyanti River, die viel Wild anziehen. In der Region ist die Litschi-Moorantilope verbreitet. Ein Abstecher zu den Victoria Falls ist empfehlenswert.

- **Reisezeit:** Die Monate April bis Dezember gelten als sehr gut. Im Juni und Juli wird es nachts sehr kühl.
- **Verkehrsmittel:** Ein Geländewagen ist empfehlenswert. Die Parks liegen nicht weit auseinander, lassen sich gut mit dem Fahrzeug oder kleinen Motorflugzeugen erreichen.

SÜDLICHES AFRIKA

◀ *Auf Pirschfahrt im offenen Jeep kommt man den Tieren manchmal schon sehr nahe*

Namibia

Das ehemalige Deutsch-Südwestafrika ist besonders beliebt bei deutschen Safari-Touristen, wenn auch die landschaftliche Vielfalt und der Artenreichtum in der Tierwelt sich nicht mit Ostafrika messen lassen. Gute Bedingungen für erfolgreiche Tierbeobachtungs-Safaris bietet im Wesentlichen nur der große Etosha National Park im Norden des Landes. Hier ist eine artenreiche Tierwelt vertreten, die aus der Nähe erlebt werden kann. Ein Eldorado für Tieraufnahmen!

Nicht so wildreich sind die Nationalparks Kaudom, Skeleton Coast, Namib-Naukluft, Fish River Canyon und Waterberg Plateau. Diese

SÜDLICHES AFRIKA

werden in der Regel auf Grund ihrer beeindruckenden Landschaft besucht, wo sich bizarre Formen und Farben bis zum Horizont ausweiten und ein Fest für die Augen sind. Mit etwas Glück und über erfahrene Veranstalter gebucht, lassen sich aber auch dort besondere Tierbegegnungen erleben: Elefanten in der Wüste, Elan-Antilopen auf dem Kamm einer Düne, Klippspringer in Schluchten, Wüstenschakale oder Wilde Pferde in kargen Landstrichen. Ausgangsort für Safaris ist die Hauptstadt Windhuk.

Etosha National Park und Namib-Wüste

- **Dauer:** 5 bis 12 Tage, je nach Abstechern für verschiedene Sehenswürdigkeiten.
- **Attraktionen:** Nach einer kurzen Wandereinlage in der vegetationsreichen Landschaft des Waterberg Plateaus ist die Hauptattraktion der Etosha National Park. Dieser erstreckt sich rund um die Etosha Pan – eine riesige Salzpfanne – und ihren zahlreichen, ganzjährig wasserführenden Teichen und Tränken. Wie selbstverständlich reihen sich Gnus, Zebras, Kudus, Spießböcke, Warzenschweine, Im-

1 Kaudom Game Reserve
2 Fish River Canyon Nat. Park
3 Namib Nat. Park
4 Skeleton Coast Park
5 Etosha Nat. Park

SÜDLICHES AFRIKA

▲ *Zebra im Etosha National Park*

palas und viele andere durstige Tiere rund um die Wasserlöcher. Selbst Leoparden lassen sich auf diese Weise gut im Etosha beobachten. Auf dem Weg zum Namib-Naukluft-Park sollte noch eine ganz andere Foto-Safari mit einbezogen werden – ein Besuch bei der Robbenkolonie von Cape Cross am Atlantik. Im Naukluft lassen sich bei Wanderungen Kudus sehen, bei den hohen Dünen von Sossusvlei mit etwas Glück Spießböcke und Wüstenschakale.
- **Reisezeit:** Eine gute Zeit ist zwischen Mai und Dezember.
- **Verkehrsmittel:** Mit einem Pkw lässt sich nahezu überall hinkommen. Flugtransfers sind ebenfalls möglich.

SÜDLICHES AFRIKA

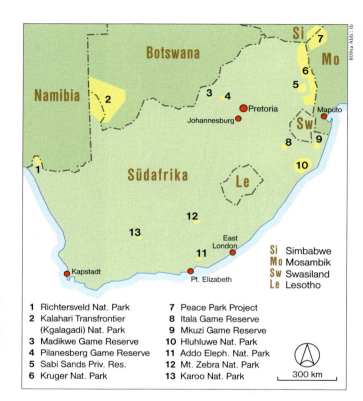

1. Richtersveld Nat. Park
2. Kalahari Transfrontier (Kgalagadi) Nat. Park
3. Madikwe Game Reserve
4. Pilanesberg Game Reserve
5. Sabi Sands Priv. Res.
6. Kruger Nat. Park
7. Peace Park Project
8. Itala Game Reserve
9. Mkuzi Game Reserve
10. Hluhluwe Nat. Park
11. Addo Eleph. Nat. Park
12. Mt. Zebra Nat. Park
13. Karoo Nat. Park

Si Simbabwe
Mo Mosambik
Sw Swasiland
Le Lesotho

Südafrika

Das größte Land in Safari-Afrika bietet einen sehr professionellen Zugang zum Safari-Tourismus. Südafrika lockt mit einer sehr vielseitigen und gut zu beobachtenden Tierwelt in eindrucksvollen Regionen des Landes. Es ist auch das Land mit den größten Gegensätzen in Bezug auf anfallende Kosten. Von den preiswertesten Nationalparks bis hin zum absoluten Luxus für rund 1000 Euro pro Person und Tag – Südafrika bietet für jeden Geldbeutel Safari-Möglichkeiten.

Südliches Afrika

Die größte Attraktion ist zweifelsohne der berühmte Kruger National Park im Nordosten des Landes. Angrenzend an den Kruger gibt es eine Reihe von privaten Wildreservaten, in denen sich exklusive Safaris erleben lassen.

Weiter südlich zieht sich in der Region Kwa Zulu Natal eine ganze Reihe unterschiedlicher Parks und Reservate wie ein Flickenteppich von der Grenze zu Mosambik bis zu den steil aufragenden Bergen des Staates Lesotho.

Eine andere interessante Safari-Region ist das Gebiet nahe der Grenze zu Botswana. Hier sind die Wildschutzgebiete Pilanesberg National Park, Madikwe Game Reserve und vor allem der Kalahari Transfrontier National Park lohnenswerte Tierbeobachtungsgebiete, wenn auch nicht überall so wildreich.

Darüber hinaus lässt sich noch viel entdecken in Südafrika. Zahlreiche kleine Parks und Reservate sowie viele private Wildfarmen bieten beste Bedingungen für Foto-Safaris.

Provinz Mpumalanga, Kruger Park

- **Dauer:** Aufenthalte von 2 bis 7 Tagen sind empfehlenswert.
- **Attraktionen:** In der Provinz Mpumalanga, wo sich ab der Bruchstufe „Escarpment" das so genannte Lowveld erstreckt und im großen Kruger-Ökosystem eine Tierwelt mit Superlativen bietet, lassen sich hervorragende Foto-Safaris realisieren. Die big five sind nahezu garantiert, Spitz- wie Breitmaulnashörner sind zu beobachten. Kruger bietet besonders für Safari-Neulinge eine sehr gute Infrastruktur zu günstigen Preisen, besonders für Camping-Ambitionierte. In den angrenzenden privaten Wildreservaten, wie Sabi Sands, Manyeleti, Tumbavati und Umbabat, erwarten stilvolle Lodges und Camps die Besucher, denen unter professionellster Führung die afrikanische Wildnis näher gebracht wird.
- **Reisezeit:** Ein Aufenthalt im Kruger ist das ganze Jahr über möglich. Mit Regen muss zwischen November und März gerechnet werden. In den Wintermonaten Juli/August ist Ferienzeit. Der Kruger ist dann beliebtes Reiseziel für Südafrikaner.
- **Verkehrsmittel:** An- und Abreise über Johannesburg mit Mietwagen (Pkw ausreichend) oder exklusiver über die Lodges in den privaten Game Reserves organisiert.

SÜDLICHES AFRIKA

Provinz Kwa Zulu-Natal, Hluhluwe-Umfolozi-Park
- **Dauer:** Für eine Rundtour durch Kwa Zulu-Natal sollte man 7 bis 10 Tage einkalkulieren.
- **Attraktionen:** Die Provinz Kwa Zulu-Natal ist landschaftlich sehr vielseitig, erstreckt sich von den Sümpfen und Süßwasserlagunen im Norden über fabelhafte Naturschutzgebiete bis zu den steil aufragenden Drakensbergen mit einer wieder anderen Flora und Fauna. Im Südosten lockt der Indische Ozean für einen Strandaufenthalt. Zu den empfehlenswerten Safari-Zielen gehören die Parks Hluhluwe-Umfolozi (gesprochen „Schlu-Schluwe"), Itala und das Mkuzi Game Reserve.

  Des Weiteren laden zwischendurch eine Vielzahl von kleinen Naturreservaten zu einem Kurzbesuch ein. Zu den Höhepunkten Südafrikas zählt jedoch in erster Linie der Hluhluwe-Umfolozi National Park. Hier trifft man am ehesten auf die „großen Neun" (Elefanten, Büffel, Giraffen, Löwen, Leoparden, Geparden, Wildhunde, Spitz- und Breitmaulnashörner).
- **Reisezeit:** Das ganze Jahr über gut zu bereisen.
- **Verkehrsmittel:** Anreise über Durban. Von dort mit Mietwagen oder exklusiver über die Lodges in den Parks organisiert.

Provinz North West und Kalahari Transfrontier Park
- **Dauer:** Für die Gesamttour ab Johannesburg sollten 7 bis 10 Tage einkalkuliert werden.
- **Attraktionen:** Die Provinz North West ist ein weites Land mit vielen offenen Flächen. Zu den Höhepunkten gehören hier das Pilanesberg Game Reserve mit seinen aus der Hochebene ragenden Vulkanbergen und den interessanten Wasserlöchern für allerlei Großwild. Beide Nashornarten, Zebras und Giraffen, Löwen, Leoparden, Geparden und jede Menge Elefanten und Büffel tummeln sich besonders zwischen April und September um die Wasserstellen. Ähnlich gut sind die Bedingungen im Madikwe Game Reserve an der Grenze zu Botswana, einem Eldorado für Wildhunde.

  Etwas weiter westlich, aber durchaus kombinierbar, ist der große Kalahari (oder auch Kgalagadi) Transfrontier National Park. Der erste grenzüberschreitende Nationalpark Afrikas (ein so genannter „Peace Park", s. S. 20) ist etwas für Leute, die das Trockene und Karge lieben: Kleine Dünenfelder und die ausgetrockneten Flussläufe

SÜDLICHES AFRIKA

des Nossob und Auob, große Herden von Streifengnus, viele Spießböcke und Elan-Antilopen sind zu sehen. Der Park ist bekannt für seine Leoparden und Geparden, besonders jedoch wegen den rotmähnigen Löwen.

- **Reisezeit:** Gut geeignet sind die Monate Mai bis Dezember, danach Regen.
- **Verkehrsmittel:** Ein Vierradantrieb ist für die Safari-Route empfehlenswert. Vom Kalahari-Park bestehen Rückflugmöglichkeiten.

◀ *Es müssen nicht immer gefährliche Raubtiere sein – Simon, professioneller Guide im Sabi Sands Reservat, erklärt, wie ein Frosch „funktioniert"*

Anhang

Anhang

Safari-Veranstalter in Europa

Östliches und Südliches Afrika

AST Reisen
(African Special Tours)
Gronauer Weg 31,
D-61118 Bad Vilbel,
Tel. (0 61 01) 49 90-23, Fax -29,
www.ast-reisen.de

Jambo Tours
(Umfangreiche Angebote)
Langscheider Str. 40c,
D-59846 Sundern,
Tel. (0 29 35) 7 91-91, Fax -92,
www.jambotours.de

Iwanowski's Individuelles Reisen (Spezialist für Namibia)
Büchnerstr. 11,
D-41540 Dormagen,
Tel. (0 21 33) 2 60 3-0, Fax -33,
www.afrika.de

Karawane Reisen
(Spezialist für Individual- und Gruppenreisen)
Schorndorfer Straße 149,
D-71638 Ludwigsburg,
Tel. (0 71 41) 28 48-0, Fax -25,
www.karawane.de

Ostafrika

Afrika Adventure Touristik
(Spezialist für Uganda und Gorilla-Safaris)
Seehaupter Str. 17,
D-81476 München
Tel. (0 89) 75 97 96-26, Fax -27,
www.aat-gorilla.com

Concept Reisen
Geisbergstraße 14,
D-10777 Berlin,
Tel. (0 30) 2 18 40 53,
Fax 2 11 91 30,
tanzania@t-online.de

African Safari Club
(Kenia-Spezialist für Pauschal-Safaris)
Walter-Benjamin-Platz 3,
D-10629 Berlin,
Tel. (0 30) 8 85 72 80,
Fax 8 82 37 48,
Berlin@ascag.net

Flycatcher Safaris
(Spezialist für Tansania und Schimpansen-Parks)
Mauerweg 7, Postfach 20,
CH-3283 Kallnach
Tel. +41 (32) 3 92 54-50,
Fax -51,
www.flycat.com

SAFARI-VERANSTALTER IN EUROPA

Globetrotter München
(Spezialist für Tansania + Ruanda)
Getlinger Weg 8,
D-82538 Geretsried,
Tel. (0 81 71) 99 72-72, Fax -73,
www.globetrotter-muenchen.de

Ost-Afrika-Tours
(Individuelle Safaris)
Agnes-Bernauer-Str. 150,
D-80687 München,
Tel./Fax (0 89) 5 80 38 49,
www.ostafrika-tours.de

ITST – Tanzania Special Tours
Mühlbachstraße 25,
D-70794 Filderstadt,
Tel. (07 11) 7 77 87 12,
Fax 7 78 71 50,
www.tanzania-tours.de

Safari Reisebüro
Schönhauser Allee 183,
D-10119 Berlin,
Tel. (0 30) 4 49 29 73,
Fax 4 49 04 69,
www.safari-berlin.de

Südliches Afrika

DUMA Reisen
Neckarstaden 4b,
D-69117 Heidelberg,
Tel. (0 62 21) 16 30 21,
Fax 16 68 80,
www.duma-naturreisen.de

Jedek Reisen
(Spezialist in Wien)
Doeblinger Hauptstraße 23-25,
A-Wien,
Tel. +43 (1) 3 69 66 02-5,
Fax -15,
www.jedek.com

Jacana Tours
Willibaldstraße 27,
D-80689 München,
Tel. (0 89) 5 80 80 41,
Fax 5 80 85 04,
www.jacana.de

Zingg Event Travel
(Spezialist für südliches Afrika
und Botswana)
Albisstr. 30,
CH-8134 Zürich-Adliswil,
Tel. +41 (1) 7 09 20 10, Fax -50,
www.zinggtravel.ch

Literatur und Kartenmaterial

Im Folgenden eine Auswahl an Lektüre zur Vorbereitung auf die Safari. Die Liste erhebt keinen Anspruch an Vollständigkeit, wohl aber sollen die wichtigsten Quellen genannt werden.

Reiseführer (deutschsprachig)

Die wohl umfangreichsten Reiseführer zu Safari-Ländern Afrikas sind im Reise Know-How Verlag (www.reise-know-how.de) erschienen:

- **Botswana,** Christoph Lübbert
- **Südafrika,** Christine Philipp
- **Uganda und Ruanda,** Christoph Lübbert, Jörg Gabriel (erscheint 2003)
- **Kenia,** Hartmut Fiebig
- **Namibia,** D. Schetar, F. Köte
- **Tansania,** Jörg Gabriel

Nationalpark-Literatur

Nicht zu allen Wildschutzgebieten Afrikas gibt es Begleitliteratur und gutes Kartenmaterial. Speziell zu den Ländern **Uganda, Sambia, Malawi und Mosambik** ist besondere Literatur zu einzelnen Nationalparks kaum erhältlich und wenn, dann nur mit etwas Glück vor Ort. Auch zu den geläufigeren Safari-Ländern ist in Europas Buchhandlungen wenig erhältlich. Das ein oder andere lässt sich über das Internet bestellen, ansonsten in den jeweiligen Hauptstädten bzw. Safarimetropolen der Länder oder spätestens am Eingang der jeweiligen Parks.

Über die Parks im bekannten Safariland **Kenia** gibt es wenig Literatur und Kartenmaterial zu erwerben. Ein Blick auf die Internetseite des Verlages Camerapix in Nairobi (www.camerapix.com) könnte evtl. Aufschluss über Neuerscheinungen geben.

Zu **Tansania** gibt es lokale, veraltete Nationalpark-Informationshefte von TANAPA (nur vor Ort erhältlich). Empfehlenswerter sind jedoch die kleinen Park-Führer von David Martin, erschienen im Verlag African Publishing House, Harare (www.grace-notes.com/apg). Publikationen aus dieser Reihe gibt es auch zu Parks in Simbabwe.

Literatur und Kartenmaterial

Zu den Wildschutzgebieten im südlichen Afrika – **Südafrika, Namibia und Botswana** – ist das Angebot von Literatur und Kartenmaterial größer. In deutscher Sprache ist im Iwanowski Reisebuchverlag das Namibia Handbuch für Naturschutzgebiete erschienen.

Darüber hinaus sind in den südafrikanischen Verlagshäusern Struik (www.struik.co.za) und Southern Book Publications eine Reihe von Parkführern und Karten erschienen, wie z. B. Guide to the Kalahari Gemsbok National Park, Southern Book Publications oder Kruger National Park – Questions & Answers, P. Fax Fourie, Struik Publishers.

Bestimmungsbücher für Flora und Fauna (Auswahl)

- **Kosmos Naturreiseführer Ostafrika,**
  Rainer Waterkamp und Winfried Wisniewski, Franck-Kosmos, Stuttgart 2000
- **Kosmos Naturreiseführer Südliches Afrika,**
  Thomas Barlow und Winfried Wisniewski, Franck-Kosmos, Stuttgart 1998

Beide Kosmos Führer geben einen guten Überblick über Flora und Fauna. Gut geeignet für Einsteiger.

Reiseführer Natur

- **A Kingdon Field Guide to African Mammals,** Jonathan Kingdon, London 1997
  Der wahrscheinlich beste Tierführer mit deutschen Tiernamen.
- **Dangerous Snakes of Africa,** Stephen Spawls und Bill Branch, Ralph Curtis Publications 1998
- **Field Guide Mammals of Southern Africa,** Chris und Tilde Stuart, Struik Publications
- **Newman's Birds to Southern Africa,** Kenneth Newman
  Sehr detailliert und auch für das östliche Afrika empfehlenswert, Namensregister auch in Deutsch.
- **Südliches Afrika,** August Sycholt. BLV, München 1998
- **Tracks & Signs of Southern and East African Wildlife,**
  Chris und Tilde Stuart, Struik Publications 2000

LITERATUR UND KARTENMATERIAL

Landkarten

Übersichtskarten
- **Africa –Central and South 1:4 Mio.,** Michelin-Karte 955
  Bewährte Übersichtskarte für das östliche und südliche Afrika.
- **Ostafrika, 1:2,5 Mio.,** Freitag & Berndt
- **Südafrika, Namibia, Botswana 1:2 Mio.,** RV-Verlag, München

Botswana
- **Chobe Nationalpark, Moremi Game Reserve,**
  Shell Map, Veronica Roodt
- **Shell Tourist Map of Botswana 1:1.75 Mio.,** Veronica Roodt 1998
  Aktuell mit 12 Detailkarten und Skizzen von Nationalparks.

Kenia
- **Kenia, 1:1,1 Mio.,** Nelles Verlag, München

Namibia, Südafrika
- **Namibia 1:1,25 Mio.** und **Südafrika 1:1,7 Mio.**
  Die aktuellen Länderkarten aus dem Reise Know-How Verlag sind derzeit Standard.
- Von **Struik Publishers** (www.struik.co.za) sind darüber hinaus eine Vielzahl von Detailkarten zu Wildschutzgebieten erhältlich.

Sambia, Malawi und Simbabwe
- **Malawi, 1:900.000**
- **Zambia, 1:1,5 Mio.**
- **Zimbabwe 1:1,2 Mio.**
  Alle von African Travel Maps (www.itmb.com).

Tansania
- **Tansania, 1:1,4 Mio.,** Harms-IC-Verlag, Kandel
  (www.harms-ic-verlag.de)
  Vom gleichen Verlag gibt es auch folgende Nationalpark-Karten:
- **Manyara und Ngorongoro Conservation Area**

Uganda
- **Uganda, 1:700.000,** Nelles Verlag, München

Mit REISE KNOW-HOW gut orientiert

Wer sich in seinem Reiseland zurechtfinden und orientieren möchte, kann sich mit den Landkarten von REISE KNOW-HOW auf Entdeckungsreise begeben.

Egal, ob bekannte Sehenswürdigkeit oder Naturschönheit fernab jeglicher Touristenroute: Die Karten aus dem Hause REISE KNOW-HOW leiten Sie sicher an Ihr Ziel.

Landkarten:
In Zusammenarbeit mit dem world mapping project gibt REISE KNOW-HOW detaillierte, GPS-taugliche Landkarten mit Höhenschichten und Register heraus, so zum Beispiel:

- Argentinien (1:2 Mio)
- Australien (1:4,5 Mio)
- Cuba (1:850.000)
- Island (1:400.000)
- Kreta (1:140.000)
- Mexiko (1:2,25 Mio)
- Namibia (1:1,25 Mio)
- Nord- und Südskandinavien (je 1:875.000)
- Pyrenäen (1:250.000)
- Sri Lanka (1:500.000
- Südafrika (1:1,7 Mio)
- Tibet (1:1,5 Mio)

world mapping project
REISE KNOW-HOW Verlag, Bielefeld

Safari-Informationen im Internet

Links zu den verschiedenen Safari-Arten siehe Seiten 47–49.

Botswana
- www.botswananet.org
- www.botswanatourism.org
- www.dse.de/za/lis/botswana.html

Kenia
- www.keniatourism.org

Malawi, Mosambik
- www.malawitourism.com

Namibia
- www.namibia-tourism.com

Simbabwe
- www.conference zimbabwe.com

Sambia
- www.zambiatourism.com
- www.zamnet.zm
- www.tanzania-web.com

Südafrika
- www.amandla.org/za/tourist
- www.ecoafrica.com/saparks
- www.infoafrica.co.za
- www.parks-sa.co.za

Tansania
- www.safaris-web.com
- www.serengeti-park.org

Uganda, Ruanda
- www.berggorillas.com
- www.visituganda.com
- www.visitrwanda.gov.rw

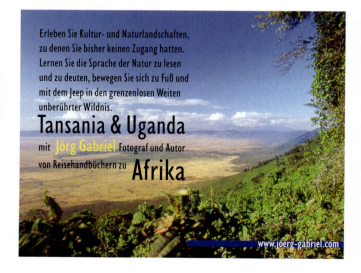

Erleben Sie Kultur- und Naturlandschaften, zu denen Sie bisher keinen Zugang hatten. Lernen Sie die Sprache der Natur zu lesen und zu deuten, bewegen Sie sich zu Fuß und mit dem Jeep in den grenzenlosen Weiten unberührter Wildnis.

Tansania & Uganda
mit Jörg Gabriel Fotograf und Autor von Reisehandbüchern zu **Afrika**

www.joerg-gabriel.com

Alle Reiseführer auf einen Blick

Reisehandbücher
Urlaubshandbücher
Reisesachbücher
Rad & Bike

Afrika, Bike-Abenteuer
Afrika, Durch
Agadir, Marrakesch
  und Südmarokko
Ägypten
Alaska ⌕ Canada
Algerische Sahara
Amrum
Amsterdam
Andalusien
Äqua-Tour
Argentinien, Uruguay
  und Paraguay
Äthiopien
Auf nach Asien!

Bahrain
Bali und Lombok
Bali, die Trauminsel
Bali: Ein Paradies ...
Bangkok
Barbados
Barcelona
Berlin
Borkum
Botswana
Bretagne
Budapest
Bulgarien

Cabo Verde
Canada West, Alaska
Canadas Ost, USA NO
Chile, Osterinseln
China Manual
Chinas Norden
Chinas Osten
Costa Blanca
Costa Brava

Costa de la Luz
Costa del Sol
Costa Dorada
Costa Rica
Cuba

Dalmatien
Dänemarks Nordseeküste
Dominikanische Republik
Dubai, Emirat

Ecuador, Galapagos
El Hierro
England – Süden
Erste Hilfe unterwegs
Europa BikeBuch

Fahrrad-Weltführer
Fehmarn
Florida
Föhr
Fuerteventura

Gardasee
Golf v. Neapel, Kampanien
Gomera
Gran Canaria
Großbritannien
Guatemala

Hamburg
Hawaii
Hollands Nordseeinseln
Honduras
Hongkong, Macau

Ibiza, Formentera
Indien – Norden
Indien – Süden

Irland
Island
Israel, palästinens.
  Gebiete, Ostsinai
Istrien, Velebit

Jemen
Jordanien
Juist

Kairo, Luxor, Assuan
Kalifornien, USA SW
Kambodscha
Kamerun
Kanada ⌕ Canada
Kapverdische Inseln
Kenia
Korfu, Ionische Inseln
Krakau, Warschau
Kreta
Kreuzfahrtführer

Ladakh, Zanskar
Langeoog
Lanzarote
La Palma
Laos
Lateinamerika BikeBuch
Libanon
Libyen
Ligurien
Litauen
Loire, Das Tal der
London

Madagaskar
Madeira
Madrid
Malaysia, Singapur,
  Brunei
Mallorca
Mallorca, Reif für
Mallorca, Wandern
Malta
Marokko
Mecklenb./Brandenb.:
  Wasserwandern

Reise Know-How

Mecklenburg-Vorpomm.
  Binnenland
Mexiko
Mongolei
Motorradreisen
München
Myanmar

Namibia
Nepal
Neuseeland BikeBuch
New Orleans
New York City
Norderney
Nordfriesische Inseln
Nordseeküste
  Niedersachsens
Nordseeküste
  Schleswig-Holstein
Nordseeinseln, Dt.
Nordspanien
Nordtirol
Normandie

Oman
Ostfriesische Inseln
Ostseeküste MVP
Ostseeküste SLH
Outdoor-Praxis

Panama
Panamericana,
  Rad-Abenteuer
Paris
Peru, Bolivien
Phuket
Polens Norden
Prag
Provence
Pyrenäen

Qatar

Rajasthan
Rhodos
Rom
Rügen, Hiddensee

Sächsische Schweiz
Salzburger Land
San Francisco
Sansibar
Sardinien
Schottland
Schwarzwald – Nord
Schwarzwald – Süd
Schweiz, Liechtenstein
Senegal, Gambia
Simbabwe
Singapur
Sizilien
Skandinavien – Norden
Slowenien, Triest
Spiekeroog
Sporaden, Nördliche
Sri Lanka
St. Lucia, St. Vincent,
  Grenada
Südafrika
Südnorwegen, Lofoten
Sylt
Syrien

Taiwan
Tansania, Sansibar
Teneriffa
Thailand
Thailand – Tauch-
  und Strandführer
Thailands Süden
Thüringer Wald
Tokyo
Toscana
Trinidad und Tobago
Tschechien
Tunesien
Tunesiens Küste

Umbrien
USA/Canada
USA/Canada BikeBuch
USA, Gastschüler
USA, Nordosten
USA – der Westen
USA – der Süden

USA – Südwesten,
  Natur u. Wandern
USA SW, Kalifornien,
  Baja California
Usedom

Venedig
Venezuela
Vereinigte Arab.Emirate
Vietnam

Westafrika – Sahel
Westafrika – Küste
Wien
Wo es keinen Arzt gibt

Edition RKH

Burma – im Land
  der Pagoden
Finca durchgedreht
Durchgedreht –
  7 Jahre im Sattel
Geschichten aus d.
  anderen Mallorca
Goldene Insel
Mallorquinische
  Reise, Eine
Please wait
  to be seated!
Salzkarawane, Die
Schönen Urlaub
Südwärts durch
  Lateinamerika

Alle Reiseführer auf einen Blick

Praxis

All Inclusive?
Als Frau allein unterwegs
Canyoning
Daoismus erleben
Dschungelwandern
Essbare Früchte Asiens
Fernreisen
Fernreisen, Fahrzeug
Fliegen ohne Angst
Flug Know-How
Fun u. Sport im Schnee
GPS f. Auto, Motorrad, Wohnmobil
GPS Outdoor-Navigation
Heilige Stätten Indiens
Hinduismus erleben
Höhlen erkunden
Inline-Skaten Bodensee
Inline-Skating
Islam erleben
Kanu-Handbuch
Kreuzfahrt-Handbuch
Küstensegeln
Maya-Kultur erleben
Orientierung mit Kompass und GPS
Paragliding-Handbuch
Pferdetrekking
Reisefotografie
Reisefotografie digital
Reisen und Schreiben
Respektvoll reisen
Richtig Kartenlesen
Safari-Handbuch Afrika
Schutz vor Gewalt und Kriminalität
Schwanger reisen
Selbstdiagnose u. Behandlung unterwegs
Sicherheit/Bärengebiete
Sicherheit/Meer
Sonne, Wind und Reisewetter
Survival-Handbuch, Naturkatastrophen
Tauchen in kalten Gewässern
Tauchen in warmen Gewässern
Transsib – von Moskau nach Peking
Trekking-Handbuch
Tropenreisen
Vulkane besteigen
Was kriecht u. krabbelt in den Tropen
Wein-Reiseführer Dtschl.
Wildnis-Ausrüstung
Wildnis-Backpacking
Wildnis-Küche
Winterwandern
Wohnmobil/Indien und Nepal
Wracktauchen weltweit

KulturSchock

Afghanistan
Ägypten
Brasilien
China
Golf-Emirate, Oman
Indien
Iran
Islam
Japan
Marokko
Mexiko
Pakistan
Russland
Spanien
Thailand
Türkei
Vietnam

Wo man unsere Reiseliteratur bekommt:

Jede Buchhandlung in der BRD, der Schweiz, Österreichs und in den Benelux-Staaten kann unsere Bücher beziehen. Wer trotzdem keine findet, kann alle Bücher über unseren Internet-Shop unter **www.reise-know-how.de** oder **www.reisebuch.de** bestellen.

Anzeige

Es gibt keinen besseren Weg nach Südafrika.
Seit 50 Jahren.

SÜDAFRIKA, DIE SAFARI-DESTINATION

Go South, mit South African Airways. Wir bringen Sie ins Südliche Afrika, dort wo wir zu Hause sind. Schon auf unserem bequemen Nachtflug können Sie sich entspannt zurücklehnen und von den wilden, faszinierenden Tieren träumen, denen Sie während Ihrer Safari begegnen werden. Ohne Jet-Lag landen Sie morgens in Südafrika und sind sofort bereit für Ihr Abenteuer.

Jeden Tag nonstop von Frankfurt nach Johannesburg. Von dort geht's weiter mit den besten Direktanschlüssen. Natürlich mit viel Komfort und südafrikanischer Gastfreundschaft. Auf Wunsch gehen die SAA-Meilen auf Ihr Miles & More-Konto. Und so erreichen Sie uns: unter **www.flysaa.com** oder beim **SAA Service Center 01805-211 200** (€ 0,12/min) oder **069-299 803 20**

Register

Aberdares Nat. Park 120
Adapter 66
Afrika, östl. 17
Afrika, südl. 17
Akkus 66
Alter 44
Amboseli Nat. Park 121
Arusha 124
Arzt 33
Ausrüstung 60

Ballon-Safari 49
Bandas 56
Batterien 64
Bedrohte Tierarten 23
Beoachtungsplatz 75
Bestimmungsbücher 145
Bevölkerung 16
Bezahlung 115
Big five 77
Big nine 138
Blitzlicht 83
Blue Lagoon Nat. Park 127
Boot 46
Boot-Safari 45
Botswana 130
Brennweiten 82
Buchung 112
Buffalo Springs Nat. Park 120
Büffel 32

Bufferzone Area 23
Bungalows 56
Burton, R. F. 13
Buschfeuer 102
Buschleute 16
Bwindi Nat. Park 122

Camp 51
Camping 54
Camping-Ausrüstung 63
Campsites 54
Central Kalahari Nat. Park 130
Chizarira Nat. Park 130
Chobe Nat. Park 130, 132
Concession Area 21
Conservancy Area 21
Conservation Area 22
Cottages 56

Dauer 113
Deutsch 28
Diafilm 84
Driver 76
Driver-Guide 43

Einbaum 47
Eintritt 26
Elefanten 32
Elefanten-Safari 48
Elektrizität 66
E-Mail 67
Endemisch 25
Englisch 26

Essen 56
Etosha Nat. Park 134

Farm 53
Fenster-Stativ 82
Fernglas 73
Feuer 25, 102
Filmen 84
Filmindustrie 14
Filmmaterial 83
Filter 83
Finanzen 26
Fish River Canyon Nat. Park 133
Fluggepäck 60
Flugzeug 50
Flusspferde 32
Folklore 16
Fotografie 78
Frühstück 56
Führer 43
Fuß-Safari 42

Game 20
Game Controlled Area 23
Game Drive 39
Game Flight 50
Game Reserve 20
Game Sanctuarie 23
Game sports 13
Gästefarmen 53
Gefährliche Tiere 30
Geländewagen 38
Geldstrafen 24
Gepäck 60
Geschichte 12
Geschwindigkeit 24

REGISTER

Gestaltungsmöglichkeiten 99
Giraffe 118
Gonarezhou Nat. Park 129
Gorillas 122
Grenzzäune 20
Großen Fünf 77
Großen Neun 138
Großwanderung 105
Gruppengröße 112
Gruppenreise 92
Guide 43

Handy 67
Haustiere 25
Hell's Gate Nat. Park 120
Hemingway, E. 14
Hluhluwe-Umfolozi Nat. Park 138
Horseback-Safari 47
Hubschrauber 50
Huts 56
Hwange Nat. Park 130
Hygiene 56

Impfbestimmungen 112
Individual-Reise 93
Infoquellen 112
Internet 148
Itala Game Reserve 138

Jagd-Reservate 20
Jahreszeit 74

Kalahari Transfrontier Nat. Park 137, 138
Kalahari-Halbwüste 130
Kamel-Safari 48
Kamera 79
Kameratasche 89
Kanu 46
Kariba-Stausee 128, 130
Katavi Nat. Park 126
Kaudom Game Reserve 133
Kenia 118
Kilimandscharo 121
Kinder 44, 95
Kleidung 60
Klima 99
Konzessionsgebiete 21
Kosten 99
Kraftfahrzeug 36
Krankheit 33
Krokodile 32
Kruger Nat. Park 137
Kultur-Tourismus 16
Kwa Zulu-Natal 138

Lake Edward 122
Länder 17
Landkarten 69, 147
Landschaft 101
Lärm 24
Leoparden 32
Linyanti River 132
Linyanti-Sümpfe 132
Literatur 144

LKW 36, 39
Lochinvar Nat. Park 127
Lodge 51
Longonot Nat. Park 120
Löwen 32
Lower Zambezi Nat. Park 127
Luangwa Nat. Park 127
Lunch-Box 56

Maasai 17
Madikwe Game Reserve 137, 138
Mana Pools 129
Manyara Nat. Park 124
Masai Mara Nat. Reserve 120
Masai-Steppe 124
Massai 17
Mathews Range 120
Matusadona Nat. Park 129
Meru Nat. Park 120
Mgahinga Nat. Park 122
Mietwagen 37
Migration 20
Mikumi Nat. Park 126
Milane 32
Mindestalter 44
Mini-Bus 38
Mittagsruhe 74

REGISTER

Mkuzi Game Reserve 138
Mokoro 47
Moremi Nat. Park 130
Motorboot 46
Motorrad 36
Mt. Kenia Nat. Park 120
Müll 25
Murchison Falls 122

Nachtfahrt 42
Nachtruhe 25
Nakuru Nat. Park 120
Namibia 133
Namib-Naukluft Nat. Park 133, 135
Namib-Wüste 134
National Reserve 20
Nationalparks 19
Nature Reserve 20
Navigationsgerät 66
Ndoto-Berge 120
Ngorongoro-Krater 124
Night Drive 42
North Luangwa Nat. Park 127
Notfall 33

Okavango-Delta 130, 131
Overlander-Safari 39
Owahimba 16

Parkregeln 24
Paviane 32
Peace Park 20
Pferd-Safari 47
Picknick 56
Pilanesberg Game Reserve 137, 138
PKW 36
Planung 92
Private Game Reserve 21
Privates Wildreservat 21

Queen Elizabeth Nat. Park 122

Recreation Resort 23
Regen 102
Regenzeiten 100
Reiseführer 144
Reiseleiter 92
Reiseliteratur 69
Reiseveranstalter 114, 142
Reit-Safari 47
Reservat 20
Rettungsdienst 33
Rift Valley 120
Route 113
Ruaha Nat. Park 125
Ruanda 121
Rubondo Island Nat. Park 126
Rucksack 60
Rufiji-Fluss 125
Rundreisen 18
Ruwenzori Nat. Park 122

Safari-Guide 43, 76
Safari-Länder 17
Safari-Sprache 27
Safari-Szene 14
Safari-Tourismus 25
Safari-Van 38
Saison 74
Sambesi 127
Sambia 127
Samburu Nat. Park 120
San-Buschleute 16
Save River Conservancy 129
Scenic Flight 50
Schimpansen 126
Schlafsack 64
Schlangen 33
Schuhwerk 63
Schusswaffen 25
Schutzimpfungen 65
Schutzstatus 19
Selbstfahrer 96
Selous Game Reserve 125
Semliki-Naturreservat 122
Serengeti Nat. Park 124
Service 98
Shaba Nat. Park 120
Sicherheit 28
Sicherheitssituation 112
Simbabwe 128
Skeleton Coast Park 133
Sonnenschutz 67

REGISTER

South Luangwa Nat. Park 127
Sprache 27
Stativ 80, 82
Stromspannung 66
Studienreisen 93
Südafrika 136

Tageszeit 74
Tanganjikasee 126
Tansania 123
Tarangire Nat. Park 124
Taschenlampe 64
Teleobjektiv 80
Temperaturen 99
Tented Lodges 52
Tented Safari Camps 51
Tierarten, bedrohte 23
Tierbeobachtung 72
Tierbeobachtungsfahrt 39
Tiere 106
Tiere, gefährliche 30
Tiermigration 20
Tiernamen 106
Tiervorkommen 106
Tierwanderung 103, 124
Tourismus 26
Tourismus-Branche 14
Tourist-Circuits 18
Touristen-Dörfer 16
Train-Safari 48
Trinken 56
Trinkgeld 57
Trockenzeit 101
Truck 39
Tsavo Nat. Park 121

Udzungwa Nat. Park 126
Uganda 121
Unterkunft 51
Ursprung 12

Veranstalter 114, 142
Verhaltensregeln 78
Versicherung 33
Victoria Falls 130

Walking-Safari 42
Wasserflasche 69
Wasserlöcher 75
Waterberg Plateau 133
Wayne, John 14
Wecker 66
Wegenetz 24
Weste 62
Wetterperioden 101
Wildes Zelten 54
Wildlife Management Area 23
Wildlife Sanctuaries 23
Wildreservat 20
Wildschutz 23
Wildschutzgebiete 19

Zelt-Camp 51
Zelten 54
Zeltplätze 54
Zigaretten 25
Züge 48
Zyklen 105

DER AUTOR

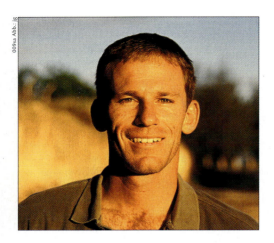

Der Autor

Jörg Gabriel, Jahrgang 1970, ist in Indien und Ostafrika aufgewachsen. Seit seiner Kindheit war er mit seinen Eltern auf unzähligen Safaris in afrikanischen Ländern unterwegs. In Kenia ging er zur Schule, in Deutschland studierte er Politologie und Geografie. Von Äthiopien bis Südafrika bereiste er viele Gebiete im Alleingang, lernte viele Wildschutzgebiete und die Tierwelt Afrikas kennen.

Noch während des Studiums betrieb Jörg Gabriel zusammen mit einem Freund ein Spezial-Reisebüro für außergewöhnliche Safaris. In Tansania, wo er auch heute noch lebt, leitete er ein Jahr lang ein exklusives Safari-Camp im Selous Game Reserve. Seither hat er Expeditionen organisiert und begleitet, als Autor und Kameramann zu Fernsehproduktionen für ZDF und ARTE beigetragen. Heute führt er in Zusammenarbeit mit Reiseveranstaltern spezielle Fuß-Safaris im Serengeti-Gebiet durch. Außerdem schreibt und fotografiert er für neue Buch- und Bildband-Projekte.

Jörg Gabriel ist Autor der Reisehandbücher „Tansania" und „Sansibar", erschienen im Reise Know-How Verlag.

Seine Kontaktadresse: info@joerg-gabriel.com